UN MISIONERO EN BOLIVIA

Recuerdos y Reflexiones

Roberto Lacasse,
Oblatos de María Inmaculada

Traducido por Lourdes Medina Hunkeler and Juan Perez Gomez

Un misionero en Bolivia: recuerdos y reflexiones, son opiniones intelectuales basadas en experiencias de la vida real del autor, compartido para inspirar a las generaciones futuras a servir a los demás.

Las fotografías reproducidas en este libro son compartidas por el autor, o son compradas y licenciadas para uso editorial a través de Shutterstock Inc.

Producida por Mark A. Wilmot, de Shrewsbury, Massachusetts, especializada en historias de vida y libros de expertos en la materia.

Foto de portada por Casa Kavlin, Oruro Bolivia

Este libro está dedicado a los pobres de Bolivia. Su voluntad de compartir lo poco que tienen y su fuerte fe en Dios cambiaron mi vida para siempre, y estaré eternamente agradecido.

TABLE OF CONTENTS

PREFACIO

Padre Roberto D. Lacasse, OMI

Mientras completaba una amplia educación en varias escuelas cuando era joven, me ofrecí como voluntario para unirme a la congregación de los Oblatos de María Inmaculada y posteriormente respondí al llamado del Papa Juan XXIII al servicio mundial. Esta decisión requería aceptar un voto de pobreza, definido como la renuncia a las posesiones terrenales personales en favor de la distribución comunitaria de los recursos, así como la entrega de uno mismo al servicio de los necesitados. Este cambio de carrera terminaría durando sesenta años. Si alguna vez ha considerado que la vida de un sacerdote es aburrida y sin incidentes, ¡entonces espere hasta leer los siguientes capítulos de Un misionero en Bolivia!

Como nuevo misionero, se me concedió mi deseo de servir como misionero en el país sudamericano de Bolivia. Resulta que dejaría la nación segura y rica de los Estados Unidos y me dirigiría directamente al escenario opuesto, en una nación que sufre una agitación constante. El enfoque de los esfuerzos como Misionero Oblato no era solo celebrar los sacramentos religiosos, sino más importante, ayudar a alimentar a los pobres, cuidar a los enfermos, huérfanos y ancianos, mientras difundía la palabra de Dios. Me embarqué en este viaje espiritual durante la primavera de 1961. Tan pronto como llegué a Bolivia, comencé a presenciar luchas políticas, levantamientos estudiantiles, golpes militares y, lo más inquietante de todo, la opresión de los pueblos indígenas que llegué a apreciar.

Nunca podría haber predicho que sería testigo de tal conflicto y agitación en una sociedad mientras cumplía con mis deberes religiosos, pero resultó que hubo muchos momentos realmente aterradores, incluidos momentos en los que tuve que abandonar rápidamente el país por mi propia seguridad. Aun así, la gran cantidad de personas amables y humildes que conocí a lo largo de los años es lo que eventualmente me trajo de vuelta a su servicio en Bolivia después de tener que escapar por temor a perder mi vida. Era mi deseo vivir mis días en Bolivia, pero durante una visita de regreso a los Estados Unidos en 2021, experimenté un evento médico que impidió el regreso a mi amada patria adoptiva. A lo largo de los años, me he tomado el tiempo de escribir algunas de mis experiencias, observaciones y reflexiones. En los siguientes capítulos, comparto muchos de los desafíos a los que se enfrentaron diariamente misioneros como yo. Este legado de una vida entregada al servicio de los demás, es lo que ahora comparto con ustedes. . .

Elegir la vida en las misiones

La educación de un misionero

Cuando tenía solo quince años, comencé la escuela secundaria católica en mi ciudad natal de Lewiston, Maine. Después del primer año, me trasladé al Seminario Oblato ubicado en Bucksport, Maine. El propósito de esta escuela era proporcionar una base de capacitación de seminario para personas que pudieran convertirse en líderes religiosos y misioneros. Curiosamente, la idea de embarcarme en una obra misionera a un lugar lejano como Haití era algo que ya estaba considerando. El plan de estudios de seminario tradicional cubre muchas áreas que requieren una reflexión profunda, especialmente cuando se trata del estudio de la Biblia, la teología, la historia de la iglesia y la filosofía.

Después de completar los estudios preliminares a nivel de escuela secundaria, me mudé de Maine a Colebrook, New

Hampshire para unirme a una parroquia católica como *noviciado.* En la Iglesia Católica, una parroquia es un grupo organizado de personas comprometidas y fieles cuyo cuidado pastoral ha sido encomendado a un sacerdote, bajo la autoridad de un Obispo *Diocesano.*

Mi pausa temporal en la educación formal no fue inusual: comúnmente la realizan cristianos que buscan carreras como líderes religiosos. Pero lo que significó para mí fue una asignación de un año repleta de oportunidades para participar en las actividades de la iglesia. El beneficio recibido fue que aprendí habilidades asociadas con la *administración* de una parroquia. Esas habilidades se volvieron más útiles a lo largo de mi carrera porque sería parte de parroquias recién establecidas en Bolivia.

Una vez que concluyó ese año de noviciado, era hora de pasar a la educación superior porque uno no se convierte en misionero simplemente como voluntario, se requiere mucha educación. Esto me llevó aún más al sur de Nueva Inglaterra, al Oblate College & Seminary, ubicado en Natick, Massachusetts. El curso de instrucción en el Oblate College requeriría seis años más de educación en los que me prepararon para ser parte de algo mucho más grande que yo.

Los inicios históricos de los oblatos

Los Oblatos de María Inmaculada, o OMI para abreviar, son miembros de una prestigiosa congregación religiosa de la Iglesia Católica Romana. La raíz del significado de oblato es una persona dedicada al servicio de Dios. Siento que es importante proporcionar el contexto histórico de los Oblatos, así como de la Iglesia Católica Romana.

Los Oblatos hacen un voto de pobreza de por vida, lo que significa que cada Oblato renuncia a la búsqueda de posesiones terrenales. Basados en las tradiciones católicas romanas, los oblatos tienen su propio saludo; *Laudetur Iesus Christus*, que significa

Alabado sea Jesucristo, y un saludo de regreso de *Et Maria Immaculate*, que significa María Inmaculada. El movimiento de los Oblatos comenzó en Francia durante 1816 como resultado de la inspiración divina legada a un sacerdote francés llamado Eugenio de Mazenod. Una vez organizada, la OMI recibió la bendición plena del Papa León XII durante 1826.

El padre de Mazenod eventualmente se convertiría en obispo antes de fallecer. Mucho después de su muerte, debido a las contribuciones duraderas a la humanidad a través de la evangelización cristiana, la Iglesia Católica lo *beatificó* en octubre de 1975. La beatificación es el paso previo a la santidad, mientras que la Iglesia investiga a la persona nominada para determinar si sus escritos muestran pureza de doctrina, y si las acciones de la persona en vida fueron realizadas por *virtud*. Una vez beatificado, la Iglesia proclama que la persona está definitivamente en el Cielo, y puede suplicar a Dios en nombre de los demás si le rezan.

Durante 1995, la Iglesia procedió a canonizar al obispo de Mazenod como santo en reconocimiento a la santidad duradera y heroica de las acciones de su vida.

Hoy, los misioneros OMI como Yo, hemos viajado más y más lejos desde el lugar de nacimiento en Francia, a muchas naciones alrededor del mundo. Actualmente hay más de 3,500 sacerdotes y hermanos OMI al servicio de la humanidad.

El llamado a la acción del Papa

Mientras estudiaba en Natick, cambié de opinión con respecto a ir a las misiones en Haití. En lugar de Haití, pensé que podría trabajar en el alcance religioso aquí mismo en los Estados Unidos, pero también lo descarté. Durante el último año en Natick, 1960, me atrajo nuevamente el llamado a las misiones. Un día, estaba leyendo un artículo en una publicación católica que describía cómo el Papa Juan XXIII estaba expresando su preocupación por el estado de cosas de las iglesias *latinoamericanas*. El Papa, quien también es conocido como el Sumo Pontífice o líder de la Iglesia Católica Romana, proclamó que existía una necesidad urgente de mayor alcance en el mundo. Al escuchar este llamado a la acción, decidí formar parte de ese alcance global. América Latina es un término común que se refiere a los países de Argentina, Bolivia, Brasil, Chile, Colombia, Ecuador, Guyana, Paraguay, Perú, Surinam, Uruguay y Venezuela. Esa región geográfica expansiva, que incluye la Amazonía, comprendía un tercio de la población católica del mundo en ese momento, sin embargo, un problema serio enfrentó a la Iglesia; no había suficientes sacerdotes para atender las necesidades de todos.

La historia de la iglesia católica

Enfrentar desafíos no es nada nuevo para la Iglesia Católica. Anteriormente se había organizado durante el año 590 dC, pero la iglesia en realidad tiene sus raíces en tiempos anteriores, cuando Jesús instruyó al apóstol Pedro para que saliera y edificara la iglesia. Entonces los 12 apóstoles avanzaron, creando el marco de la Iglesia Católica moderna al mantener tradiciones sagradas relacionadas con la *autoridad espiritual* del cristianismo y la Biblia. La iglesia continuó prosperando durante cientos y cientos de años. Hoy el mundo tiene más de 1.2 billones de católicos, mientras que la iglesia está firmemente establecida como la institución más antigua del mundo occidental.

Durante la nueva década de 1960, se hizo de conocimiento común que el Papa, que tenía su hogar en el Vaticano en Roma, Italia, pasó muchas noches sin dormir pensando en la creciente escasez de sacerdotes. El Vaticano se estableció por primera vez durante 1589, como el *Palacio Apostólico* y el hogar del Papa. Luego, durante 1929, toda la comunidad del Palacio Apostólico fue reconocida oficialmente por los gobiernos mundiales como *Ciudad del Vaticano.*

Este cambio dramático significó que la sede mundial de la Iglesia Católica Romana había crecido en fuerza e importancia, convirtiéndose en su propia ciudad-estado autónoma, completa con sus propios embajadores y diplomáticos. Hay muchas razones por las que la majestuosa existencia del Vaticano y el liderazgo del Papa son importantes para la humanidad: mientras escribo este libro, hay 128 cardenales, 5,360 obispos, 415,000 sacerdotes, 610,000 monjas y 50,000 diáconos que administran 2,248 diócesis católicas y 220,340 diócesis católicas. parroquias de todo el mundo. En este contexto, el liderazgo del Papa y el alcance acumulativo del trabajo de la iglesia son muy impresionantes.

Solicitud de permiso para contestar la llamada

Aproximadamente al mismo tiempo, el Papa Juan XXIII estaba preocupado por la escasez de sacerdotes, el cardenal Cushing de Boston fundó la sociedad misionera llamada *Sociedad Apostólica de Santiago Apóstol para América Latina.* La sociedad pidió a sus sacerdotes miembros que sirvieran al menos cinco años en el país de Perú, ayudando a los pobres de esa nación a superar las dificultades de la vida mientras les enseñaban acerca del Señor. Se me ocurrió que, si estos sacerdotes podían dejar su cómodo estilo de vida, sus casas parroquiales y sus autos lujosos e irse a Sudamérica, ¡yo también podría hacerlo! Y entonces fue cuando la semilla de inspiración se sembró en mi alma: la tierra estaba lista y, cuando la semilla comenzó a brotar, prometí hacer del trabajo misional mi elección de carrera.

Esa primavera, escribí una carta a mi Superior General en Roma. En mi carta, expresé mi deseo de ir específicamente a la nación de Bolivia para servir como misionero. Elegí Bolivia en lugar de Brasil o Paraguay u otro país de América del Sur por una razón muy práctica. Sabía que en Paraguay los oblatos que trabajaban allí eran de Alemania. Si hubiera estado destinado allí, habría tenido que estudiar *alemán y español.* Pero los oblatos que actualmente sirven en Bolivia eran del Canadá francés. Como yo soy descendiente de francocanadienses, solo tendría que aprender un idioma, el español.

Me tomó muchos meses recibir una respuesta, pero finalmente recibí la noticia de que mi deseo se había cumplido: ¡pronto viajaría a Bolivia para "convertir a los paganos" en cristianos!

Países de ***América Latina***

¿QUIÉN ESTARÍA CONVIRTIENDO A QUIÉN?

La escritura de la vida

Hoy, mientras escribo este libro, han pasado más de sesenta años desde que comencé un viaje impredecible a una tierra lejana para ayudar a la humanidad. La verdad es que me da un poco de vergüenza recordar la mentalidad mía y de la iglesia cuando comenzó mi viaje. Esta es la razón: después de establecerme en Bolivia, recuerdo haber recibido cartas de familiares y amigos en los Estados Unidos, preguntando específicamente a cuántos "paganos" había convertido hasta el momento. Esa era la mentalidad en ese momento. Por el contrario, mi sentimiento siempre ha sido, "¿quiénes somos nosotros para viajar a un país extranjero para convertir a los paganos?"

Me sentí así en 1960, y todavía me siento así hoy porque las personas maravillosas que llegué a conocer y entender en el campo y las ciudades de Bolivia son las que finalmente me convirtieron.

Continuación del trabajo inacabado

Desde la llegada de los primeros misioneros españoles 400 años antes, los sudamericanos vivieron una falsa evangelización basada en una conversión incompleta a vivir la vida con Cristo. Algunas de estas razones para esta falsa evangelización se debieron a que la masa geográfica de la tierra era demasiado vasta, con demasiados pueblos indígenas esparcidos por las tierras para ser completamente iluminados y convertidos para poder mantener una existencia cristiana disciplinada.

Los efectos de esta evangelización a medias se extendieron por toda América Latina. Al establecer parroquias en tierras lejanas, los misioneros modernos pidieron a los indígenas que desecharan todo lo que no fuera con nuestras creencias occidentales, especialmente todo lo que tuviera que ver con el paganismo. Sinceramente creíamos que podíamos enseñar a la gente cómo vivir mejor. Enfocamos este "ministerio de limpieza" en la Sagrada Escritura, pero no en la *Escritura de la Vida.*

Una vez que me sumergí en su comunidad, a veces percibí que las Escrituras que les enseñábamos eran recibidas con frialdad y sin disculpas. Este desajuste de mensajes sucedió porque estábamos aplicando la enseñanza de la Iglesia a nuestra manera, es decir, a la manera occidental, pero no a la manera latinoamericana. Le enseñamos a nuestra audiencia que, si querían ser buenos cristianos, tenían que asistir a misa todos los domingos y que no se los consideraba casados a menos que lo estuvieran por la Iglesia.

Estas demandas de conformidad eran algo degradantes, pero entonces no sabíamos nada mejor. Tantas veces tuve que aconsejar a los feligreses bolivianos que no podían ser padrinos de bautizo si no estaban casados por la Iglesia. De esta manera estábamos obligando a todas las personas con las que hablábamos a casarse por la Iglesia. Rápidamente descubrimos que estas personas tenían una doble religiosidad: la que les estábamos enseñando y la que ya practicaban. La mayoría de las veces, esas dos prácticas religiosas estaban en conflicto entre sí. Irónicamente, algunos de nuestros feligreses asistían a misa católica los domingos por la mañana y luego tenían su propio culto ritual esa noche o durante la semana.

Mente abierta, corazón abierto

Así que no es de extrañar que comencé a desarrollar un sexto sentido de que el pueblo boliviano que estaba conociendo tenía más que enseñarnos que nosotros a ellos. Sus valores culturales y su genuina preocupación por los demás los convirtieron en un pueblo piadoso.

Y con un corazón abierto y una mente abierta, acepté la idea de que uno podía abrazar muchos aspectos hermosos y valiosos de la cultura boliviana mientras enseñaba el Evangelio. Una y otra vez, describí esta humilde realidad durante mis sermones. En muchos casos, era bastante difícil decir qué era cristiano y qué no. Pero como verá al seguir leyendo, la marea finalmente cambió a medida que nuestro trabajo como misioneros se definió mejor y todos nos volvimos impulsados por un propósito más allá de la simple predicación de los sacramentos. Proclamaríamos la Palabra de Dios con nuestro espíritu misionero, luego saldríamos de la iglesia para complementar la Santa Palabra con acciones y obras. Dicho esto, eventualmente obtendremos la sabiduría para permitir que las personas determinen cómo vivirán la Palabra de Dios y responderán a Su invitación al amor.

Pensé para mis adentros que tal vez nunca adorarían de la manera tradicional occidental, sino de una nueva manera que agradara a Dios. Supuse que los latinos existían como un pueblo profundamente religioso, siempre luchando por satisfacer las necesidades básicas, y que a veces en condiciones como esta, es mejor dejar que los individuos creen sus propias liturgias. En esta línea de pensamiento, también debo señalar cómo los bolivianos parecían mantener un apego sensible a *la vida sagrada*. Es importante compartirlo contigo porque este sentimiento de vida sagrada no se observa a menudo en las culturas occidentales más materialistas, donde las personas también trabajan, pero lo hacen dentro de sociedades de abundancia donde los individuos no solo están tratando de satisfacer las necesidades básicas, sino que también están tratando de acumular cosas más materialistas.

Entonces, durante esta aventura a Bolivia, me volví mucho más sabio como una persona santa. La base excepcional proporcionada por mi educación en el seminario me había armado espiritualmente para manejar la experiencia en tiempo real en un país tumultuoso y antiguo que estaba pasando por revoluciones. Esto me ayudó a desarrollar una comprensión profunda de la importancia de *los valores culturales*. Me di cuenta de que, si los bolivianos pudieran captar el mensaje de la Palabra y se sintieran inspirados, de hecho, podrían continuar creciendo de una manera que luego elevaría al país en más de un sentido.

Llegando a Bolivia

Llanura boliviana del Alto Plano, 12,150 pies sobre el nivel del mar

Contexto histórico

Partí de los Estados Unidos a Bolivia en febrero de 1961. El presidente John F. Kennedy acababa de tomar posesión como el 35º presidente de los Estados Unidos y yo tenía apenas 28 años. Aunque era joven, no estaba solo ya que muchos más respondieron al llamado de ayuda del Papa Juan en América del Sur. Durante julio de ese año, se emitió una directiva del Vaticano a los obispos de América del Norte, solicitando que se enviara el 10% de su personal a América Latina para detener la "invasión comunista" de la región. Entonces, dejé la patria de los EE. UU. por Bolivia en ese contexto histórico: convertir a los paganos y detener el comunismo. Tiemblo de vergüenza cuando lo pienso en retrospectiva. En este momento de la historia mundial, había un miedo inusual al comunismo y la lucha de clases en los círculos del Vaticano y las naciones occidentales. Este miedo comenzó a crecer tanto durante como después del final de la Segunda Guerra Mundial. Durante esa segunda guerra mundial, los católicos fueron perseguidos e incluso enviados a campos de concentración en naciones del bloque oriental como Alemania Oriental, Polonia, Checoslovaquia, Hungría, Rumania, Bulgaria y Albania. A muchas órdenes religiosas se les confiscaron las propiedades de su iglesia y sus viviendas. Los comunistas en su mayoría eran agentes sin Dios, que creían que las personas religiosas y sus líderes representaban una amenaza para los dictadores y su gobierno centralizado. Después que terminó la guerra, la lucha con armas de fuego pudo haber cesado, pero las principales potencias mundiales tenían filosofías y objetivos opuestos para controlar las poblaciones y *los recursos naturales.* Entonces, en su mayor parte, fue *Capitalismo versus Comunismo.*

Una nueva perspectiva sobre la riqueza frente a la pobreza

Una vez en Bolivia, rápidamente me di cuenta de que las personas que vivían allí, a su manera, eran más religiosas que la mayoría de los estadounidenses. También descubrí que el gran desafío a superar no eran las fuerzas del Comunismo, sino las del Capitalismo, y la explotación recurrente por intereses especiales de países poderosos como Estados Unidos y naciones europeas.

Una de las características de convertirse en misionero es hacer un voto de pobreza. Aunque Cristo no condena la posesión de riquezas materiales, sí señala los peligros de la riqueza, predicando que "las riquezas materiales son los espinos que ahogan la buena semilla de la palabra (Mateo 13:22). Mientras ganaba experiencia como joven sacerdote en Bolivia, confirmé que esto era verdad. Al hacer voto de pobreza y renunciar a muchas comodidades de mi vida personal, fui libre de pensar profundamente sobre las verdaderas condiciones de la humanidad. Esta libertad de la preocupación por acumular riqueza proporcionó una perspectiva completamente nueva, ayudándome a darme cuenta de muchas otras verdades, incluida la desventaja que puede tener el capitalismo en una tierra lejana de personas que habían sobrevivido durante miles de años sin fábricas, tiendas y coches.

También puedo admitir otra obviedad: fue emocionante ser un joven misionero en un lugar tan hermoso y diverso. Bolivia constaba de 420,000 millas cuadradas, lo que lo convierte en el quinto país más grande de América del Sur. Deseoso de saber todo acerca de este vasto despliegue de la creación de Dios, pronto supe de los tres tipos de paisajes bolivianos; las planicies altas conocidas como Altiplano, a 14,000 pies sobre el nivel del mar, y en ocasiones bastante frías, los Valles Inter Montañosos a unos 8,000 pies sobre el nivel del mar, y la sección más grande del país, las tierras bajas, que consisten en valles, pastizales, pantanos y bosques tropicales.

Más de dos mil años de comunión cultural

Tener la oportunidad de vivir en un país tan hermoso entre los indígenas durante esa primera década como misionero se convirtió en una experiencia épica. *Aprendí mucho sobre ellos, y también de ellos.* Al momento de mi llegada, los aymaras y quechuas constituían la mayoría de la población, especialmente en los valles montañosos y el Altiplano. Estos dos grupos se enorgullecían de verse a sí mismos como custodios del patrimonio y la cultura boliviana, aunque el patrimonio nacional también incluye a otros segmentos étnicos. La población incluía ciudadanos de ascendencia española mixta conocidos como mestizos, y descendientes de otras potencias coloniales, y muchos pequeños grupos étnicos amazónicos que vivían en las tierras bajas rurales del este. El pueblo quechua de Bolivia es una población aborigen descendiente de tribus en Perú. Tienen su propio idioma y una forma firme de sobrevivir a pesar de los desafíos de los entornos hostiles, pero también del sometimiento de los invasores coloniales en el curso de la historia humana.

Pequeñas casas hechas de arcilla de adobe

Al igual que los quechuas, los Aymaras también son uno de los primeros pueblos de América del Sur, con un linaje que se remonta a alrededor del año 500 a.C. A pesar de haber sido subyugados por los incas durante el siglo XV, y al igual que los quechuas, mantuvieron una cultura distinta de la que agradecí formar parte.

A medida que pasaban los primeros meses, aprendí cómo las culturas aymara y quechua son de comunicación y comunión entre sí y con la naturaleza. La tierra, los frutos de la tierra y las montañas tenían nombre propio y eran tratados con mucho respeto, y hasta sus casas eran de tierra, construidas con adobe, una sustancia arcillosa del suelo que se usa para hacer ladrillos secados al sol.

Mapa de Bolivia

Adaptarse a Bolivia

"Nadie se queda más de dos años"

Mis primeras semanas en Bolivia fueron terribles. Aunque había pasado dos meses en Ottawa, Canadá, aprendiendo sobre la cultura boliviana y practicando el idioma español, rápidamente me di cuenta al llegar que no estaba completamente preparado. Constantemente me preguntaba por qué todos hablaban tan rápido. ¡Tuve grandes dificultades para entenderlos! Mientras estaba en Ottawa, conocí a otros dos oblatos que también viajarían a Bolivia; el padre Emery Mulaire, que nació en San Pedro, Manitoba, y el padre Luciano Lachance, que era de Giffard, un pueblo no lejos de la ciudad de Quebec.

Cuando los tres llegamos a La Paz, la capital de Bolivia, fuimos recibidos calurosamente por los Padres Mauricio Lefebvre y Victor Simard. Después de completar varios trámites, viajamos hacia el oeste a Oruro, una ciudad de más de 200,000 habitantes, ¡ubicada a 12,150 pies sobre el nivel del mar!

Pasamos tres semanas visitando parroquias mientras continuamos nuestro estudio del idioma español. Durante este tiempo, se nos pidió que escogiéramos un puesto vacante para comenzar nuestro trabajo misionero en Bolivia. En ese momento existían vacantes en Oruro, Carangas y el centro minero de Catavi-Siglo XX, donde finalmente fui destinado. Catavi-Siglo está cerca de la ciudad de Llallagua, en la región de Potosí.

Cuando llegué por primera vez a la Casa Oblata de Catavi, con una maleta en la mano, fui recibido por el Padre Claudio St. Laurent. A medida que nos fuimos conociendo, comentó, "típicamente, cuando uno es asignado a esta parroquia, no se queda más de dos años".

Haciendo amigos con los pobres

Catavi era un lugar arduo para vivir, así que no me tomó mucho tiempo entender a qué se refería. Además de adaptarme al idioma y la cultura, también tuve que acostumbrarme a la geografía del Altiplano, o planicies altas, del oeste de Bolivia. Era tan diferente a la gran variedad de árboles, pastos y lagos de Nueva Inglaterra donde me crie.

Después de unos pocos meses, con un poco de esfuerzo de mi parte, me adapté al idioma y a la gente, pero también a la aridez y el vacío de las llanuras al pie de los Andes. Esas llanuras también se conocen como las pampas, y son tan planas como una mesa, extendiéndose por millas y millas. Casi nada crece allí. Durante el mediodía, el sol lo quema todo. No hay sombra. Por la noche, uno podría congelarse sin la ropa y las mantas adecuadas. Poco a poco aprendí a conocer el pueblo y llegué a apreciarlo mucho.

Durante estos primeros meses descubrí la increíble belleza del altiplano boliviano. Las personas que viven allí soportan condiciones extremadamente polvorientas, así como noches frías, pero es un marcado contraste con sus corazones y personalidades que me parecieron deliciosamente cálidos y acogedores. No hay mayor placer que experimenté allí que entrar en los hogares bolivianos. Me resultó muy fácil entablar amistad con los pobres.

El estaño y el valor de los recursos naturales

Cuando llegué al pueblo minero de Catavi-Siglo XX en 1961, la población era de unos 12,000 habitantes. Los ciudadanos que vivían en los campamentos mineros eran en su mayoría campesinos del Valle de Cochabamba y otros lugares que habían dejado sus casas y fincas con la esperanza de encontrar algo mejor en las minas de plata y estaño.

Había un grupo mucho más pequeño de personas en la clase alta de la región, la mayoría de los cuales estaban empleados en oficinas, enseñanza, ingenieros, salud y otras profesiones. La mina en sí fue adquirida por Simón Patino en el siglo XX. Se le conoció como el "Rey del estaño" porque era un recurso natural importante y las minas de estaño eran lugares de frecuentes problemas laborales.

El estaño era un recurso valioso porque durante cientos de años se mezcló con cobre a altas temperaturas para crear bronce. Luego, a medida que avanzaban las civilizaciones, el estaño se convirtió en un ingrediente clave para enchapar las latas de acero utilizadas para el almacenamiento de alimentos y para la fabricación de soldaduras y cojinetes. Debido a las minas, el pueblo experimentó una bonanza en sus primeros años, pero en 1952, después de la Revolución Nacional Boliviana, las operaciones mineras de estaño y plata, y sus propiedades fueron nacionalizadas, convirtiéndose en lo que bien podría llamarse campos de esclavos. La nueva agencia gubernamental formada después de esa revolución les falló a los trabajadores pobres al descuidar las instalaciones y las casas donde vivían los mineros. La inversión en infraestructura fue subvertida por formas de corrupción.

Dos estaciones de radio con mensajes políticos opuestos

Año tras año, la calidad de vida en este ya difícil territorio decayó aún más. La comida, el agua y la atención médica escaseaban. Los pobres buscaban desesperadamente un cambio para mejorar. Para lograr esto, formaron un grupo de apoyo mutuo bajo el liderazgo de un activista llamado Federico Escobar, quien estaba siendo entrenado como comunista por movimientos políticos externos. Para establecer la defensa de los derechos de los mineros con exceso de trabajo y mal pagados, Escobar inició una estación de radio llamada "La Voz del Minero." Escobar no sería el único operador de una emisora de radio. Para contrarrestar las "fuerzas del mal", que era como los líderes de la Iglesia veían el comunismo, los Oblatos, dirigidos por el padre Lino Grenier, también iniciaron una estación de radio propia llamada "Radio Pío XII". Lleva el nombre del Papa que dirigió la Iglesia Católica entre

1939 y 1958.

En poco tiempo, las transmisiones diarias de las dos estaciones filosóficamente opuestas crearon un conflicto creciente en la comunidad que saldría a la superficie de la vida cotidiana. Este era el estado de cosas en Bolivia durante febrero de 1961.

Padre Roberto en la Emisora Pío XII durante 1961

CULTURA BOLIVIANA

Concepto de tiempo

El concepto del tiempo entre los indígenas era bastante diferente al de los americanos. Dado que no tenían un tiempo definido para el trabajo ni para nada en absoluto, los observadores desinformados podrían verlos como perezosos. No poseían relojes de pulsera, ni los necesitaban. El tiempo era el ritmo de la vida para ellos. *Se tomaron su tiempo, pero no "perdieron" el tiempo.* Las actividades de sembrar, desherbar, cosechar, descansar y celebrar eran componentes compartidos en el ritmo general de sus vidas.

Debido a que no hubo un enfoque indebido en el tiempo, podría ser bastante frustrante para los extranjeros que trabajan con bolivianos cuando intentan realizar reuniones en el pueblo. El aldeano típico a menudo llegaba casualmente entre 15 y 30 minutos tarde a una reunión. La tardanza fue generalmente aceptada por todos. La llamada "Hora Boliviana" dio prioridad a la vida, la amistad, los encuentros casuales y las conversaciones.

Pasando la Palabra y Formando Consenso

Hacer correr la voz fue un poco diferente a lo que estaba acostumbrado en los Estados Unidos. La mayor parte de la comunicación se produjo sin la radio, el teléfono o los periódicos. Dentro de una comunidad, la información más trivial se hacía conocida e inmediatamente procesada por la opinión pública. Las noticias de los eventos sociales iban de casa en casa y las familias las comentaban al final del día.

La democracia existía para estas personas sin prisas sin elecciones formales o campañas. A través de un maravilloso sistema de comunicación, la comunidad formaría un consenso y luego designaría un candidato para la *jilikata* u organización comunitaria. Aunque el jilikata tenía autoridad absoluta, rara vez abusaba de ella. El plazo era limitado y estaba en constante revisión por parte de la comunidad. Poco ha cambiado en esta tradición sociopolítica. Sorprendentemente, no había leyes, castigos, sistema de justicia, policía o prisiones y, afortunadamente, rara vez había un acto de violencia entre ellos.

Rindiendo Homenaje a la Pachamama

Quizás el elemento más importante de la cultura aymara y quechua fue su tratamiento sagrado y mítico de la tierra. Creían que la tierra era de todos, que la tierra era indivisible y que los pocos que tenían el dinero para hacerlo no podían dividirla ni comprarla. Era una cultura que reafirmaba constantemente la condición divina del cosmos, del mundo y de toda la vida. Para mostrar su gratitud a la *Pachamama*, la Madre Tierra que vela por la fertilidad, la vida, la siembra de alimentos y la recolección de las cosechas, los agricultores realizaron una ceremonia ritual conocida como *Ch'alla* . Esta celebración se realiza varias épocas del año especialmente en épocas de siembra y cosecha.

Descubrí que Ch'alla era bastante divertida y espiritual para las personas por las que me estaba enamorando. Las familias decoraban sus chozas de adobe con artículos coloridos y luego recogían flores, frutas y granos para colocarlos en mesas grandes con velas e incluso alcohol. Luego se ahumaban las mesas con madera de *Palo Santo*, también conocida como madera santa. Esta tradición de quemar la madera fragante se transmitió de la tradición inca, y todavía se cree que tiene una cualidad medicinal. Combinadas con las ofrendas en la mesa, las celebraciones enviarían un aroma claramente sudamericano a los vientos que soplan constantemente del Altiplano. Para concluir la celebración, se colocaron en la tierra las ofrendas ahumadas con más flores y alcohol para limpiar, hidratar y nutrir la tierra.

Ricos Contra Pobres

Padre Roberto entregando víveres a mineros durante 1962

División estricta de la sociedad basada en la clase

Era fácil para los misioneros recién llegados observar las injusticias sociales que ocurrían en todo el país. Por mi vocación pude establecer contacto e incluso hacer amigos en ambas clases de la sociedad boliviana, los pobres y los ricos. Las dos clases estaban muy segregadas entre sí. Durante esos primeros años en el centro minero, traté en vano de unir a las dos clases, pero comencé a darme cuenta de que simplemente existía en un pequeño país dividido en dos grupos; una pequeña minoría de personas controlando las fuerzas del poder, tomando todas las decisiones sociales y económicas importantes, seguida por la gran mayoría, quizás alrededor del 80% de la población, que fue reprimida, mantenida desesperadamente pobre y aislada de la sociedad por prácticamente no tener parte en la maquinaria política que podría haber ayudado al futuro de todos los ciudadanos del país. Sinceramente, creía que tenía la energía y la habilidad para unir a estos dos grupos. Mis compañeros trataron de advertirme; "No seas ingenuo, Roberto, vas a perder el tiempo. No se puede hacer nada con los ricos".

Espiritualmente fuerte como era, me negué a dejar que los comentarios negativos me desanimaran. Me haría amigo tanto de los ricos como de los pobres, y luego haría todo lo posible para unirlos. Pero ¿podría suceder esta unión de compatriotas bolivianos no solo de manera temporal, sino permanente? ¡Prometí hacer todo lo posible para averiguarlo!

¿Podría el sacerdote reunir a las clases?

La geografía actual del pueblo de Catavi solo ayudó a dividir a la comunidad. El suelo allí era muy rocoso y estaba dividido por un arroyo que arrastraba rastros de estaño. El nombre Catavi significa "un río donde fluye el estaño". En la cima del cerro vivían los profesionales: médicos, ingenieros, maestros y administrativos. En la parte inferior de la colina estaban las casas construidas donde vivían los trabajadores. Los campesinos que trabajaban para la corporación minera vivían en condiciones de indigencia e inhumanas. Justo en el medio, entre los profesionales y los trabajadores, en un terreno alejado de los dos grupos, estaba la iglesia y la residencia de los sacerdotes. ¡Qué incómodo me sentía!, viviendo en una "fortaleza" en lugar de vivir entre los pobres!

Procedí a entablar amistad con los médicos que atendían a los enfermos en el hospital que estaba ubicado en el centro minero. Después de unos meses de amistad, en un esfuerzo por aumentar la comprensión entre las clases, invité al personal médico a visitar a los trabajadores del sector debajo del campamento. Si funcionó, podrían desarrollar empatía y mejores relaciones con los trabajadores pobres.

Niños rurales descansando junto a una choza de adobe

¿Funcionó mi esfuerzo? *¡De ninguna manera!* Las dos clases no se unirían para encontrarse. Incluso el cine local estaba dividido en dos secciones. El balcón superior tenía asientos cómodos y estaba reservado para la clase alta. La clase obrera se sentaba abajo, en duros bancos sin apoyo. Después de todo, parecía que mis compañeros sacerdotes tenían razón. Nada se podía hacer con los ricos. Empecé a perder la confianza en la clase alta egoísta. Parecían carecer de cualquier grado de empatía, sin mostrar piedad por el destino de las muchas personas pobres que vivián una existencia escasa en la misma ciudad. Estas observaciones y conclusiones se quedarían conmigo durante bastante tiempo. Al acercarme a los treinta años, mi capacidad de mayor sabiduría siguió creciendo. Llegué a comprender plenamente las palabras de Jesús cuando dijo: "Es difícil para los que tienen riquezas entrar en el reino de Dios". (Marcos 10:23).

La presión aumenta, los cambios son inminentes

Otro dicho que me viene a la mente en relación a la condición de la sociedad boliviana es: "cuanto más tienes, más quieres". Los ricos se aferran a sus riquezas, lo que les dificulta compartirlas con los demás. Los que controlan las riquezas del mundo, son los que explotan a los pobres. "Pero ¡ay de vosotros los ricos, porque ya habéis recibido vuestro consuelo!". (Lucas 6:24). La diferencia entre ricos y pobres, la distancia entre opresores y oprimidos, había sido un dilema en Bolivia durante años. Pero durante la década de 1960, las presiones y el resentimiento alcanzaron una masa crítica. El cambio ciertamente se avecinaba. "Cuando llegué por primera vez en 1961, el movimiento comunista se consideraba simplemente una amenaza política. Pero lo que pronto aprenderíamos por nosotros mismos es que los comunistas querían dar a los pobres los derechos que se merecían. Entonces, otra verdad revelada fue aquellos etiquetados como los comunistas militantes eran en realidad profetas de la liberación para las masas que habitualmente estaban sobrecargadas de trabajo y mal pagadas.

INJUSTICIA SOCIAL

Un minero boliviano examina rocas en busca de evidencia de plata o estaño

Pensar y *actuar* como cristiano

Nunca había desarrollado mucho interés por la política hasta que observé con mis propios ojos la desigualdad social flagrante e inmoral en Bolivia. Mi línea de trabajo profesional fue la pastoral, ejerciendo *la espiritualidad* que da sentido a mi vida. Al mismo tiempo, ser misionero en Bolivia creó una *vida con propósito.*

A medida que adquirí más conocimientos y me preocupé por las condiciones del país, algunos me etiquetaron como una persona que podría ser "demasiado espiritual" para los gustos de los demás. Esto puede haber sido cierto, sin embargo, a través de una introspección veraz, reconocí que había una separación de valores y acciones en la forma en que realmente vivía mi vida: la espiritualidad por un lado y los compromisos diarios por el otro. Estos dos elementos distintos coexistieron subconscientemente dentro de mi persona durante mucho tiempo. De hecho, me llevó casi diez años darme cuenta. O sea, para mí y para mi pueblo, una cosa era pensar como cristiano, pero otra cosa era vivir como cristiano. Por ejemplo, siempre me apresuré a predicar la caridad, pero dudé en abrir la puerta de mi residencia para dar cobijo a un político exiliado. Una cosa era para mí hablar de justicia, pero otra cosa era unirme a quienes iniciaron una huelga de hambre como forma de protesta pacífica. Llegué a mi propia madurez intelectual, comencé a darme cuenta de que, para aceptar verdaderamente la Palabra de Dios con seriedad, las acciones cristianas de uno deben alinearse o reflejar el pensamiento religioso de uno. No puede haber dicotomía, no hay separación de los dos.

Salarios injustos de los trabajadores pobres

Una de las desigualdades más llamativas fue, por supuesto, en los salarios. Se estaba construyendo una casa parroquial contigua a la estación de radio Pío XII. De vez en cuando, hablaba con los trabajadores que trabajaban todo el día preparando las piedras, cortándolas en pedazos rectangulares para la construcción. Tomó mucha fuerza trabajar la piedra bajo el sol caliente todo el día. Me preguntaba cuánto ganaban y decidí preguntarle a uno de ellos. "Quince pesos diarios", me dijo. ¡Quince pesos al día! Eso fue sólo $ 1,50. ¡Esto era imposible! ¡Salarios terribles para un trabajo tan duro! Pronto descubrí que ese era el salario típico de un trabajador en Bolivia. Y probablemente les estábamos pagando un poco mejor que a otros trabajadores. Pero, Dios mío, ¡eso fue una miseria! Luego supe que la corporación estatal nacionalizada o "Corporación Minera de Bolivia" (COMIBOL) pagaba el mismo salario.

La corporación había nacido durante una revolución en 1952. Las ciento sesenta y dos minas del país quedaron bajo el control del gobierno centralizado. Esta operación minera combinada se convirtió en la principal fuente de riqueza boliviana en el mercado mundial, lo que permitió la financiación de las burocracias, incluida la educación. Desafortunadamente, no se manejó bien; el dinero no se reinvirtió agresivamente en la infraestructura de las minas, y las formas de codicia y corrupción cobraron su precio. Los que trabajaban en las profundidades de las minas ganaban alrededor de 1,50 dólares al día. Y muchos de sus salarios duramente ganados nunca fueron vistos. Es decir, se sumaba todo lo que ganaban y se pagaba a fin de mes. El trabajador típico, que tenía alrededor de cinco hijos, ganaba alrededor de $25.00 al mes. Después de haber pagado la tienda de abarrotes, se llevaba a casa $3.00 o $4.00 que a veces gastaba en *chicha*, una bebida alcohólica local hecha a base de maíz fermentado.

Cuando llegaba fin de mes, las *chicherías* se llenaban de mineros gastando el poco dinero que les quedaba.

Esta situación condujo inevitablemente a la frustración en el hogar, peleas entre familiares y mucha infelicidad. Un lugareño llamado Don Pacífico me dijo una vez; "La única diversión que tenemos aquí es la chicha y las mujeres".

Estas personas trabajadoras se habían vuelto inmerecidamente marginadas y degradadas por la sujeción de su trabajo y estatus. Pero eran la mayoría de la población, alrededor del ochenta por ciento. Como resultado, se convirtieron en "los sin voz". Fueron tan marginados de la sociedad que no participaron en la toma de decisiones relacionadas con las políticas y condiciones que tuvieron que soportar. Y fue esta frustración y descontento entre estos trabajadores lo que sembró las semillas de la rebelión.

Trabajadores dejados atrás, no representados

Pero si esos hombres y mujeres eran el ochenta por ciento de la población, ¿quiénes eran el otro veinte por ciento? ¿Cuál era su lugar en la sociedad? ¿Qué hicieron para sobrevivir? Bueno, no me tomó mucho tiempo aprender acerca de esta condición económica menos que ideal. Una vez hice un bautismo especial en la iglesia de Catavi. Los padrinos del niño fueron don Jorge y doña Inés. Una vez finalizada la ceremonia, la familia me invitó a su casa. Era típica de las casas de los más ricos de la comunidad, construida de cemento, ya la sombra de algunos árboles. Tenía un gran comedor, una cocina, tres dormitorios, un baño y un patio considerable. El Jeep de Don Jorge estaba estacionado afuera con otros vehículos. Doña Inés también invitó a su familia y amigos a la fiesta.

La conversación que escuché ese día era típica de la clase media; "Mi hija acaba de regresar de Estados Unidos... y ah, habla inglés", etc.

Otra señora exclamó: "mi hijo está en Alemania... cómo me gustaría ir a visitarlo". ¡Y la jactancia siguió y siguió!

Me preguntaba cómo demonios podían esas personas obtener todo ese dinero para enviar a sus hijos a los Estados Unidos y Europa.

¿Podrían hacer eso con $1.50 por día? ¡Por supuesto que no!

Esas personas fueron pagadas en dólares estadounidenses. ¡Probablemente por lo menos $100.00 por día, y todo exento de impuestos!

Algunas personas de clase económica alta como don Jorge y doña Inés fueron etiquetadas como los "herodianos". El rey Herodes vivió el estilo de vida de los romanos mientras que al mismo tiempo los odiaba y apoyaba al Imperio Romano que los oprimía.

Los herodianos modernos de América del Sur, los militares y los intelectuales, eran del mismo molde. Ellos eran los que tomaban decisiones por la clase trabajadora pobre, mientras aprovechaban grandes beneficios que no estaban disponibles para los trabajadores. Esos herodianos, como don Jorge y doña Inés, no tenían interés real en su propio país. Su mayor ambición era ir a visitar a sus hijas e hijos a Estados Unidos o Europa. Puede que solo hayan representado el veinte por ciento del pueblo boliviano, pero fueron ellos quienes cosecharon los beneficios de la política exterior en ese momento mientras sus compatriotas trabajaban hasta los huesos tratando de sobrevivir.

La ayuda exterior no siempre se filtra

Una gran cantidad de ayuda monetaria fluyó desde los Estados Unidos hacia América Latina. Una de esas asignaciones del Congreso, llamada "Alianza para el Progreso", entregó más de trescientos millones de dólares durante la década de 1960. Esa asignación y otros paquetes de ayuda financiera similares siempre incluyeron dinero para proyectos de educación, construcción o salud. De esta manera, los programas de ayuda mejoraron el estilo de vida de personas como Don Jorge y Doña Inés, mientras que la mayor parte de la ayuda nunca llegó a los pobres como Don Pacífico y sus ocho hijos hambrientos. En la década de 1970, la Alianza para el Progreso fue reconocida como un fracaso por la Organización de los Estados Americanos. El comité creado para implementarlo fue disuelto.

Ahora muchos de nosotros entendemos de dónde gente como Don Jorge y Doña Inés realmente sacaron su dinero para enviar a sus hijos al extranjero a los Estados Unidos o Europa. Pero el dinero rara vez llegaba realmente donde más se necesitaba, y eso era para aliviar el dolor de la pobreza de las masas. En ese tiempo, mi labor pastoral se dedicó incondicionalmente tanto a las clases ricas como a las pobres, a las familias tipo don Jorge y doña Inés, y a las familias pobres tipo don Pacífico. Sabía que había una gran diferencia entre ellos, pero de una forma u otra, creía que, si rezaba el rosario por ellos, todo estaría bien.

Padre Roberto diciendo Misa en Bolivia, 1962

Noche Del Machete

¡Ellos están viniendo!

El 4 de julio de 1961 es el día en que las dificultades en el pueblo minero se hicieron demasiado claras para mí. Solo llevaba cinco meses en el país. Aunque el 4 de julio es feriado nacional en mi país de origen, ese día fue simplemente otro día aburrido y común en el pueblo. Pero pronto me enteraría de que después de todo habría fuegos artificiales, y muchos de ellos.

Mientras me preparaba para ir a la cama esa noche, poco antes de las diez, escuché las siguientes palabras en la radio: *"¡Están llegando!"* Sabía suficiente español para darme cuenta de lo que significaban esas palabras:

"¡Ellos están viniendo!"

Las campanas de la iglesia comenzaron a sonar, mientras los locutores de radio gritaban: "¡Vengan en nuestra ayuda, nos están atacando!".

¡Qué cosa! ¿Qué tengo que hacer?

En ese momento, estaba temblando en pijama. Algunos de los aldeanos escucharon la llamada y corrieron a la casa parroquial para defendernos. ¡Qué valientes y hermosos eran! Cuando bajé al pie de las escaleras, ¡había una mujer de 35 años que llevaba un machete en la mano derecha! Ella me llamó: "Padre, quédate aquí. ¡Es demasiado peligroso para ti involucrarte! ¡Tengo una familia de siete hijos, pero tendrán que pasar por mí antes de llegar a ti!

¡Sintiendo gratitud, sentí ganas de abrazar a esa valiente mujer en ese mismo momento! Pero en lugar de eso, respondí: "Pero tengo que salir para presenciar lo que está pasando. Tal vez la gente va a necesitar un sacerdote. Déjame ir."

Me puse una sotana, que es una prenda negra hasta los tobillos que usan los sacerdotes, sobre mi pijama. Con los Santos Óleos en la mano, salí a las calles donde de inmediato observé una turba de personas cargando palos, palas y cualquier cosa que pudieran encontrar. Estos ciudadanos vinieron a defender a los sacerdotes, la radio y la parroquia. Cientos de personas se reunieron en masa esa noche, y yo estaba justo en el medio con ellos, listo para ayudar. De repente ya no tenía miedo. Y así, fue a partir de ese día, cuando comenzó la guerra entre el padre Lino Grenier y Federico Escobar, entre la Iglesia y el movimiento comunista, que aceleré mi camino espiritual como misionero y amigo del pueblo al que servía.

FEDERICO ESCOBAR: ¿VILLANO O HÉROE?

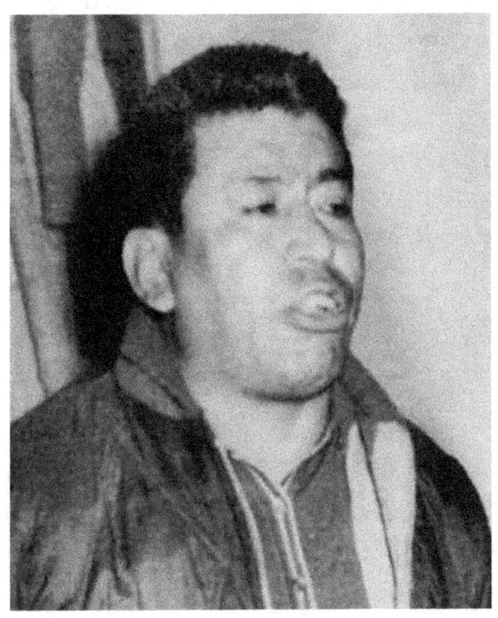

¿A quién debemos creer?

Sabíamos que el sindicato de trabajadores mineros, dirigido por el activista comunista Federico Escobar, estaba recibiendo apoyo financiero y logístico de la nación de Checoslovaquia, un estado satélite de la poderosa Unión Soviética. Ambos países implementaron el socialismo al estilo soviético a través de la intimidación y la fuerza. Federico Escobar había quedado huérfano de su padre a una edad temprana, pero de alguna manera encontró su camino a la Escuela Simón Bolívar en Oruro, donde aprendió a leer y escribir. Comenzó a trabajar para la Compañía Minera Catavi a la edad de 17 años, lo que según se informa hizo que su madre llorara constantemente de preocupación debido a las condiciones extremadamente peligrosas, las enfermedades de los mineros y los bajos salarios.

Escobar era muy inteligente y pronto quedó expuesto a las ideologías marxistas populares impresas en ese momento. Muy pronto, emergió como un líder populista en los movimientos sindicales bolivianos de la década de 1960, siendo a menudo percibido como un hombre valiente con fuertes convicciones, que "dijo las cosas como eran."

Para 1965, su reputación como líder le permitió organizar una conferencia con aproximadamente quinientos líderes sindicales. Entonces, este Federico Escobar era una fuerza a tener en cuenta. Las transmisiones de su estación de radio, "La Voz del Minero", defendieron los derechos de los mineros mientras abogaban por salarios justos y mejores condiciones para todos los trabajadores. A pesar de esto, los misioneros y feligreses continuaron cuestionando la propaganda comunista. Lo que no nos dimos cuenta fue que la política exterior de los Estados Unidos en ese momento en realidad estaba contribuyendo a la situación menos que ideal en las minas de plata y estaño bolivianas. Estados Unidos temía que los pensadores comunistas que apoyaban a Fidel Castro de Cuba se apoderaran de Bolivia. *¿A quién se suponía que debíamos creer?*

¿Federico Escobar era realmente un héroe y no el monstruo que habíamos hecho de él? Mi primer encuentro con él fue el 6 de agosto de 1961. Ese día celebré Misa en la Plaza del Minero, la plaza principal de Llallagua. Tras la misa, Escobar pronunció un contundente discurso ante la multitud reunida en la plaza. Hizo comentarios insistiendo en que todos los estadounidenses debían ser considerados imperialistas yanquis, es decir, un país poderoso que utiliza su influencia militar y económica para expandir su influencia en otros países a expensas de otros.

La referencia despectiva a los estadounidenses me hizo temblar. Después de todo, pude haber sido un yanqui de Nueva Inglaterra, pero en lugar de ser un imperialista, era un inocente misionero estadounidense, parado cerca del altar en las sombras, demasiado asustado para defenderme. Todavía no entendía que Escobar no estaba haciendo acusaciones de la nada, sino que estaba señalando ciertas verdades sobre la considerable influencia de Estados Unidos en la región. Pero en aquellos primeros días de los movimientos obreros destinados a crear una vida mejor, con mejores condiciones de trabajo para el hombre común, Escobar era considerado un enemigo con el que había que lidiar.

Conociendo a "El Villano" Cara a Cara

Dos años después, Escobar vino a nuestra parroquia para bautizar a su hijo. Su llegada se produjo inmediatamente después de la cena, durante el rezo del rosario que se rezaba en la iglesia, y simultáneamente retransmitido por la radio. Como la iglesia estaba ocupada, hice pasar a los padrinos a la sacristía. Observé a Escobar, el "enemigo", parado en la puerta, sin duda preguntándose si debía entrar o no. "Adelante", le dije, temblando.

"¿Cómo se va a llamar el niño?"

Escobar respondió: "Fidel".

Estaba tan nervioso que casi lo bautizo "¡Fidel Castro!" Esa fue la última vez que vi a Federico Escobar.

En los años que siguieron, la batalla entre los comunistas y la Iglesia continuó. Lo que nunca esperamos, fue una conciencia cada vez mayor entre todos nosotros de que Escobar y sus seguidores se estaban convirtiendo en los verdaderos campeones de la clase obrera porque fueron los "comunistas" quienes fueron los primeros en reconocer y protestar contra las injusticias sociales más claramente que la Iglesia.

Cambios En El Hogar y Cambios En Mí

Empatía e iluminación

Creo que no entendí completamente cómo me estaba cambiando vivir entre los indígenas hasta que regresé a casa por primera vez en 1967. El viaje de regreso fue necesario porque mi padre se estaba muriendo de cáncer. Las cosas habían cambiado bastante en los Estados Unidos desde que me fui años antes. Por un lado, el presidente Kennedy fue cruelmente asesinado durante 1963, y ahora el presidente Lyndon B. Johnson estaba al frente del poder del gobierno. Los Medias Rojas jugaron contra los Cardenales de San Luis en la Serie Mundial ese verano. Un creciente movimiento social estaba en marcha en los campus universitarios a medida que las protestas por la paz dirigidas por estudiantes comenzaron a ocurrir con mayor frecuencia a medida que los jóvenes en edad universitaria de las clases media y alta se dieron cuenta de que podrían ser reclutados en el ejército para luchar en una guerra lejana. librado en Vietnam.

Mientras observaba el estado de las cosas en una sociedad próspera, me di cuenta de que el lugar donde crecí ya no se sentía como mi hogar. En tan solo unos pocos años, me había acostumbrado a la gente amable y la tierra árida del Altiplano, un mundo donde la civilización moderna aún no se había infiltrado. Las bicicletas y las radios de transistores fueron el punto de su modernización, y la gente hablaba un idioma antiguo. y todavía vivía un estilo de vida antiguo.

Después de esa visita de regreso a los Estados Unidos, viajé de regreso a Bolivia, reflexionando todo el camino sobre el malestar que sentí durante el viaje. Surgieron varios matices cuando comparé la vida en las dos regiones muy diferentes. Un ejemplo es que, dentro de la sociedad estadounidense, parecía que a la gente no se le permitía cometer errores. Si cometían un error, eran juzgados con dureza. La gente en América Latina era muy diferente en este sentido. La gente nunca se abandonó.

Desarrollaron la capacidad de comprender pacientemente todas las cosas, por lo que tenían empatía entre sí cuando un individuo estaba equivocado o cometía un error. Mientras existían unos con otros de esta manera amable, parecía que los bolivianos podían lograr un hábito más complaciente de comprender las imperfecciones de la naturaleza humana, por lo que vivir entre ellos me ayudó a darme cuenta de lo que puede ser la felicidad. Se podría decir que fue en Bolivia donde me *iluminé* lo suficiente como para comprender que la pobreza podía ser hermosa. Las Escrituras nos dicen: "Bienaventurados los pobres". Tienen tan poco, pero lo que tienen, lo comparten. No son esclavos de sus pertenencias y sentí alegría cada vez que entré en sus humildes hogares. Los lazos familiares estaban bien tejidos y eran fuertes en las aldeas. La gente llevaba una vida sencilla, pero eran felices. De vuelta en casa en Estados Unidos, ya no sentía que pertenecía. La gente siempre tenía tanta prisa, demasiado prisa para sentarse a hablar... *¿Cuál era su prisa? ¿Cuál fue el problema? ¿Qué estaban buscando?*

¿Qué falta en la vida moderna?

Me parecía que los valores de demasiados estadounidenses se habían extraviado de algún modo. Su prioridad sobre todo era *acumular cosas.* Para ser alguien, los estadounidenses se sintieron obligados a tener esto, aquello y lo otro. La lista se volvió interminable a medida que más cosas estaban disponibles. Esta era la mentalidad capitalista allí, pero no aquí en Bolivia. Había tantos otros temas que no podía dejar de comparar y analizar después de esa visita. Algunos de esos pensamientos estaban relacionados con: *¿Cuáles eran los valores de la familia estadounidense típica? ¿De qué hablaron con familiares y amigos? ¿Hacia dónde apuntaba su brújula y hacia dónde los llevaba?*

Muchos adultos estadounidenses hablaron sobre sus autos, sus televisores, aparatos electrónicos, teléfonos, perros, piscinas, etc. Estas conversaciones indicaron una creencia compartida de que una vez que lograran esas cosas, podrían verse a sí mismos como miembros exitosos y contentos como miembros de vecindarios enteros de personas. que finalmente había cumplido con la imagen exigida por la sociedad moderna. Al contrastar esta creencia compartida con la realidad de la vida que los rodeaba, me resultó evidente que estas familias habían sido engañadas. Lo que estaban experimentando en su mundo material no siempre era feliz. Los cónyuges no se comunicaban entre sí ni con sus hijos. Las familias se estaban desmoronando, los jóvenes se iban de casa demasiado pronto y algunos luchaban contra la adicción. ¿Qué está pasando? ¿Lo que faltaba? La gente continuaba acumulando más y más artículos nuevos, a menudo cosas que ni siquiera necesitaban. En lugar de *tener más*, ¿no sería mejor *ser más*? ¿Más atento, más misericordioso, más interesado, más amoroso, más como Dios, más como su Hijo, Jesús?

Parecía necesario un restablecimiento de prioridades. Al reevaluar sus prioridades, la gente se daría cuenta de que ser más se vuelve más importante que tener más. Alcanzar este estado mental permite que muchas otras actitudes acerca de la vida cambien para mejor. Como individuos, todos podríamos comenzar a compartir más y tomar en cuenta las posiciones de otras personas, creando así una comunidad más significativa. Y en ese sentido, como descubrí mientras servía a la gente en Bolivia, sería prudente evitar la palabra AYUDAR, que supone que somos dueños de todo, y mejor usar la palabra COMPARTIR, que muestra que lo que hemos acumulado ya no solo sea para nuestro propio beneficio.

Niños bolivianos recibiendo sustento nutritivo

Cambiando el Rol de los Misioneros

Proporcionar una estructura segura de asistencia

La Iglesia en este momento todavía no veía su papel en la justicia social. Estaba más interesado en las conversiones de paganos a cristianos y en administrar los sacramentos de la iglesia que en ayudar a los pobres a superar su lucha perenne. Esa lucha fue contra fuerzas externas que tan a menudo restaron valor a su calidad de vida como seres humanos. Cuando a los misioneros como yo finalmente se nos dio la libertad de hablar para denunciar las injusticias y defender a los pobres, los funcionarios del gobierno se inquietaron y nos advirtieron que "el sacerdote debe permanecer en su sacristía", lo que significa que no debíamos involucrarnos en debates políticos para mejorar las políticas. Cualquiera que se atreviera a hablar en contra de las injusticias, corría el riesgo de ser etiquetado como comunista o radical. Esa etiqueta vino con un conjunto de responsabilidades. En nuestros corazones, los misioneros sabíamos que podíamos hacer más que simplemente ser distribuidores de sacramentos y oraciones. Ciertamente nuestro papel era predicar el Evangelio, administrar los sacramentos, pero esto no sería suficiente. Se avecinaba un cambio, pero se requería acción más allá de las buenas obras y pensamientos. Era necesaria una fuerte defensa en nombre de los oprimidos.

De condiciones menos humanas a más humanas

En 1968, los obispos de América Latina se reunieron en Medellín, Colombia. El resultado de su encuentro fue una serie de hermosos textos sobre el papel de la Iglesia hoy en América Latina. El resultado de la conferencia de Medellín resultó en la elevación de iniciativas relacionadas con Justicia, Paz, Pobreza, Familia, Demografía y Juventud. Y así nació un tema común de acuerdo, que "el verdadero desarrollo para todos y cada uno, se hace posible al pasar de condiciones menos humanas a condiciones más humanas".

Los obispos de América Latina durante este período merecen elogios por el progreso logrado en la Conferencia de Medellín, sin embargo, como aludí anteriormente, había llegado el momento de la acción, no solo de más palabras. Sentí que era nuestra tarea aliviar el sufrimiento de la población. Entonces, aunque los obispos que regresaron no parecían ser tan rápidos en la implementación de nuevas ideas sobre la justicia social, los misioneros trabajadores como yo renovamos nuestros esfuerzos al aplicar los conceptos de los documentos de la Conferencia de Medellín en nuestros vecindarios y reuniones parroquiales. Junto con las doctrinas que llegaron con el Concilio Vaticano II (1962-1965), ahora teníamos aún más para guiarnos en nuestro trabajo, incluido el impulso para proporcionar roles más importantes a los laicos de la iglesia, refiriéndose a los miembros ordinarios de la Iglesia.

Muchos sacerdotes jóvenes en América del Sur en ese momento, la mayoría de ellos extranjeros, eran bastante activos en el campo de la justicia social. Ni los obispos ni el clero nativo más antiguo tenían mucho deseo de provocar cambios, ya que estaban acostumbrados a la forma antigua, que equivalía a satisfacer las necesidades de la clase alta y preservando el estado quo. La generación más joven de clérigos avanzó, usando las doctrinas de Medellín como guía. Entonces, aquí es donde surgieron el conflicto y el miedo. Era inevitable que se formaran divisiones dentro de la Iglesia entre el clero nativo y extranjero. Había llegado el momento de definirnos.

Se requería una mejora en la educación

A lo largo de la década de 1960, se aceptaba ampliamente que la educación era la clave para la liberación de los pueblos indígenas. Pero como describí en capítulos anteriores, uno no llega simplemente a un país extranjero, proclamando que está allí "para ayudar" y luego trata de imponer cambios sin desarrollar primero una comprensión de la cultura. Y como describí en el capítulo anterior, implica desarrollar grados más altos de comprensión mutua, empatía y compasión por los demás.

En 1969 se fundó en Oruro el Instituto de Investigaciones Culturales para la Educación Popular o INDICEP. Su misión era aprender cómo educar mejor a la gente considerando primero los valores y recursos de los campesinos para proporcionar a la gente las habilidades y el orgullo para progresar en su tierra natal.

Los investigadores vivían entre los campesinos para aprender sus costumbres. Algunos incluso participaban en sus ceremonias religiosas, como la *Wilancha* y otros ritos. Para algunos extraños, esto parecía al revés, e incluso imprudente. Pero vi un gran valor en esta filosofía. Si todos los misioneros extranjeros pudieran seguir el ejemplo establecido por INDICEP, y pudieran ser lo suficientemente humildes como para dejar de lado su aprendida cultura occidental para abrazar los mejores atributos de las antiguas culturas de los indígenas, pronto se daría cuenta de que estaba trabajando con gente que es tan inteligente como él, y no inferior a él. De este modo, la presencia del misionero extranjero en las misiones no sólo estaría justificada, sino que sería esclarecedora. En el análisis final, esto resultó ser una práctica exitosa. Con esa mentalidad ajustada, los misioneros como yo establecimos niveles más altos de confianza e incluso mejores relaciones de trabajo con la gente. Fue en este contexto armonioso que pudimos ayudarlos más fácilmente a ver a Cristo en ellos mismos a través de sus propias creencias.

La conciencia debe ser seguida por la acción

En la cercana tierra gigante de Brasil, el cambio ya estaba en marcha. Un educador influyente llamado Paolo Freire creía que la educación de los pobres y oprimidos era fundamental para el cambio social. Creía que la justicia social podía lograrse educando a los pobres. Entonces, durante 1963, comenzó un esfuerzo serio para mejorar la calidad de vida trabajando diligentemente para mejorar la alfabetización entre los pobres. ¿Quién puede discutir con eso?

La realidad es que muchos en la clase alta preferían el estado quo. Los opositores vocales del cambio progresivo se indignaron por las sugerencias de mejorar la alfabetización entre los pobres. Después de un golpe militar un año después, Paolo Freire fue encarcelado durante siete meses y luego exiliado del país durante 15 años. Mientras estuvo en el exilio, escribió un libro titulado *La pedagogía del oprimido*, publicado en inglés en 1970. A lo largo de su vida, Paolo Freire se centró atentamente en ayudar a los oprimidos a luchar contra los opresores, con el objetivo de recuperar la humanidad perdida y lograr la plena humanización. Promovió lo que se conoce como concientización, una forma de ver y analizar una situación, luego reflexionar y actuar sobre ella.

Este ejercicio deliberado de elevar la propia conciencia para poder reconocer una condición injusta conduciría entonces a un compromiso para mejorar la condición. Creo que este proceso de concientización es altamente efectivo si lo tomamos en serio. Puede conducir a un cambio de mentalidad, el primer paso de un cambio. No es sólo un enfoque intelectual. Uno puede racionalizar una situación en su mente y llegar a una conclusión, luego decir "muy bien, todo está bien ahora".

Eso es simple conciencia. ¡No hay ACCIÓN!

Niños bolivianos se preparan para la cena en el comedor social

Después de ver y analizar una situación particular o un conjunto de hechos relacionados con una injusticia o una condición dañina en un ambiente de trabajo, uno puede o no comprometerse con el cambio. Uno debe preguntarse, ¿debo decidir involucrarme o no? Y si no estoy dispuesto a arriesgarme a involucrarme, ¿por qué?

Como misioneros en contacto directo diario con los empobrecidos, necesitábamos mirar las situaciones de manera crítica, con conciencia si íbamos a lograr un cambio significativo. Una crítica a la Iglesia Católica Romana entonces, e incluso hoy, es que es lenta para cambiar. Pero si eso es cierto, entonces también es cierto que cuando la Iglesia se mueve en una nueva dirección, es por buenas razones, y solo se hace después del debido proceso de profunda introspección. En este caso, la Iglesia reconoció el valor de las ideas de Freire, por lo que sus actitudes hacia el compromiso con la justicia social comenzaron a cambiar. Al hacerlo, me uní a mis compañeros misioneros para abrazar el cambio.

Lavarse las manos antes de recibir la nutrición en el comedor social que se inició con el liderazgo del padre Roberto

Actitud Religiosa Boliviana

El Papa Pablo VI saluda al Padre Roberto en Roma durante 1969

La Fe de Santiago Condori

Una persona que encarnó completamente la actitud religiosa boliviana fue un hombre llamado Santiago Condori. Su historia llegó a tener una influencia considerable en mi vida. Además, Santiago se convertiría en una inspiración para la gente del barrio de Tarija Baja en Oruro.

Conocí su historia por primera vez en la primavera de 1970. Acababa de regresar de un extraordinario retiro en Roma donde no solo renové mis estudios previos de teología, espiritualidad y Escritura, sino que también tuve el privilegio de hablar con el Papa Pablo VI. Regresé del viaje con renovada confianza en mí mismo, en Dios y en mi trabajo.

A mi regreso a Bolivia, pasé unos días de descanso en una de nuestras casas oblatas en Carangas, cerca de la frontera con Chile.

Me acompañaba nuestro Provincial, el Padre José Trifiro, y el Hermano Marcos Van Ryckeghem, misionero belga. Mientras nuestro Jeep viajaba por la pampa plana y seca, vimos manadas de llamas. Para pasar el tiempo en nuestro viaje comenzamos a compartir historias de experiencias religiosas. Fue entonces cuando escuché por primera vez la historia de Santiago Condori.

Santiago era de Chipaya, un pueblo indígena cerca de la frontera con Chile. Los chipayas eran conocidos por ser el grupo étnico más antiguo de Bolivia. Un día Santiago conoció a uno de los Oblatos en Chipaya, el Padre Amado Aubin, quien visitaba a menudo ese pueblo para compartir la Palabra de Dios.

Durante uno de esos encuentros, Santiago se hizo amigo del Padre Amado y comenzó a aprender acerca de Cristo. Con la buena nueva del Señor irradiando del Padre Amado, y el corazón abierto de Santiago, se abrió un nuevo vaso de esperanza a través de la palabra viva de Cristo. Y esta conversión no fue fácil de hacer. Santiago era hijo de un *yatiri* , médico tradicional y sanador comunitario de las tribus Aymaris de América del Sur. Cada yatiri era muy apreciado dentro de sus círculos de influencia. Estaba casado y también era un líder en el pueblo. Su conversión fue un proceso largo y difícil. Pagó un precio. Debido a que abrazó las enseñanzas de la Iglesia, primero fue rechazado por su pueblo, y quizás aún peor, su esposa lo abandonó. Ahora estaba alejado de toda su comunidad porque había estado dispuesto a aprender sobre el Evangelio y había comenzado a proclamar abiertamente la palabra de Dios.

Un día, varios lugareños fueron a visitar a Santiago. Se le acercaron con la idea de probar su fe en su Dios recién descubierto. Había un campo cerca donde nada crecería. A casi 13,000 pies o 4,000 metros sobre el nivel del mar, el cultivo de cualquier cosa es difícil. Cuando las flores o la vegetación comienzan a brotar de la tierra, los demonios del Altiplano aparecen para suprimir todo lo que anhela crecer hacia el cielo: el viento, las heladas y el granizo.

Durante esta visita de los pobladores, se extendió una oferta a Santiago:

"Si logras hacer crecer algo en esta tierra, creeremos en tu Dios".

¡Qué propuesta!

Santiago conocía las tendencias duras y estériles de ese campo. Se dio cuenta de que estaba siendo puesto a la prueba de su vida. Santiago conversó cortésmente con el grupo y dijo que lo pensaría antes de pedirles que regresaran al día siguiente.

En una larga y silenciosa oración a su Dios, Santiago analizó las posibles consecuencias de los riesgos que estaría tomando por amor a Él. “Si accedo a plantar en ese campo y nada crece, se reirán de mí y se burlarán de mi Dios”.

Siendo de carácter más fuerte y poseyendo mayor autodeterminación a causa de su conversión, Santiago no dudó ni por un momento de la grandeza de Dios. Cuando los aldeanos regresaron al día siguiente, aceptó su propuesta. Aró la tierra y plantó quinua, una planta de floración anual que contiene semillas ricas en proteínas.

Mantener la fuerza en la fe de uno

Después de la siembra, Santiago esperó y oró. Pasaron los días y las semanas. Los aldeanos se mantuvieron alejados, sin duda sin esperar escuchar mucho más de Santiago. Pero muy pronto, brotaron brotes verdes a través del suelo duro y seco. Justo cuando las plantas de quinua alcanzaron su altura máxima, una fuerte tormenta de granizo pasó sobre el área del pueblo y los campos circundantes. Las plantas recién maduras fueron destruidas cuando el granizo cayó sobre las flores que aún no se habían convertido en semillas nutritivas. Fue un revés, pero la fe de Santiago en Dios no fue destruida tan fácilmente por una tormenta pasajera. Volvió a sembrar. Para el momento de la cosecha, la segunda cosecha de quinua rugió alta y saludable. Esta vez maduró por completo, produciendo una valiosa fuente de alimento. Efectivamente, el

Dios de Santiago había respondido. Los campesinos que meses antes habían ridiculizado y rehuido a Santiago ahora estaban empeñados en escucharlo y aprender la palabra de Dios.

El día que cruzamos la pampa, escuché una historia más de cómo fue probada la fe de Santiago. Luego de ser insultado públicamente por el yatiri local en el templo, Santiago optó por guardar silencio. Poco después de la burla, los dos hijos del yatiri se enfermaron. En lugar de recuperarse rápidamente como cabría esperar, sus condiciones empeoraron. La gente del pueblo le advirtió al yatiri que sus hijos morirían a menos que se disculpara con Santiago. Eso era mucho pedirle al orgulloso yatiri. La condición de sus hijos empeoró. Eventualmente, el yatiri suavizó su posición y decidió buscar a Santiago para reconsiderarlo. "Por favor discúlpame", imploró el yatiri. "Te he ofendido".

Plantas de quinua creciendo en el Altiplano

Santiago respondió con calma: "No me has ofendido a mí, has ofendido a Dios. Vayamos juntos al templo a orar y pedir perdón". Los dos hombres fueron al templo del pueblo, rezando allí durante varias horas. Luego de que concluyeron, el yatiri reconfortado pero tranquilo regresó a su casa, y para su deleite, descubrió a sus dos hijos jugando en el patio.

Dos bolsas de arpillera con semillas de quinua ricas en proteínas

Con evidencia de que algo estaba pasando, Santiago ayudó a los aldeanos a abrazar la Iglesia y la palabra de Dios como él lo había hecho. En un momento, incluso recogieron sus estatuas de barro, sus "dioses", a los que habían adorado durante siglos, y las quemaron en señal de rechazo. Nuevamente, con Santiago actuando como un recipiente, los aldeanos comenzaron a aceptar al Dios verdadero.

Esta historia de Santiago y su gente muestra que un grupo de indígenas pudo escuchar la Palabra de Dios y aplicarla a su manera.

Desde que supe de Santiago, tenía la esperanza de conocerlo algún día. Nunca había estado en Chipaya y dudaba que alguna vez pudiera ir. Pero yo sabía que Santiago vendría a Oruro de vez en cuando para ver al obispo o para otras cosas. Así que le pedí a Marielle Audet y al padre Amado, cuyo ministerio los llevó a esa zona, que le pidieran a Santiago que me buscara en la parroquia de Agua de Castilla la próxima vez que viajara a Oruro.

Un día soleado de diciembre, en la fiesta de la Inmaculada Concepción, regresaba del centro después de una reunión. Me bajé del autobús y rápidamente me dirigí a la casa porque llegaba tarde para el almuerzo. Al pasar por la iglesia, vi a un campesino con sombrero sentado en un muro bajo de piedra. Esto no era inusual. La gente a menudo se sentaba en el muro de piedra mientras esperaba a uno de los sacerdotes, o simplemente para descansar un rato.

Cuando me acerqué a la puerta, el campesino se levantó y comenzó a caminar hacia mí. Su ropa estaba desgastada y polvorienta, como es habitual en la gente de la región, y usaba sandalias de corte tosco para proteger sus pies. Al acercarse, se quitó el sombrero, gesto que siempre hace un campesino hacia un occidental. Luego pidió ver al padre Roberto. Miré sus ojos y su sonrisa, y exclamé: "¿Santiago?". "¡Si padre!"

Inmediatamente, sin dudarlo, lo invité a pasar para compartir una comida y conversar. Así dispuso Dios el encuentro con Santiago Condori.

El Barrio Uru-Uru

Alcance y Desarrollo Comunitario

Después del retiro en Carangas, fui reubicada en la parroquia de Agua de Castilla, en Oruro, donde siempre sentí que pertenecía. Decidí involucrarme más profundamente en el desarrollo comunitario y no había mejor manera que vivir entre los pobres del barrio Uru-Uru de Oruro. Durante mucho tiempo había sido mi sueño ayudar a construir una pequeña comunidad cristiana.

El barrio Uru-Uru estaba más o menos abandonado cuando llegó en 1964 una mujer llamada Emilia Torrico. Era una educadora familiar boliviana que había estudiado en Argentina y había trabajado muy de cerca con la "Campaña Mundial contra el Hambre" de ese país. Cuando llegó, visitó al obispo de Oruro, monseñor Jorge Manrique. Fue él quien la envió a Uru-Uru para ayudar a unir a la gente. Comenzó visitando familias y conociendo gente en el pueblo. En ese momento, estaba trabajando en la parroquia cercana de Agua de Castilla y me pidieron que ayudara con las reuniones y así fue como comenzó mi participación.

¡Qué abandonado estaba Uru-Uru! Era una pequeña parcela de tierra al pie de una colina rocosa. Podía crecer allí una escasa vegetación, a excepción de unos pocos árboles que sobrevivieron al duro clima del Altiplano.

Empezamos a celebrar reuniones semanales todos los sábados por la noche. No asistieron muchas personas, pero las que asistieron estaban entusiasmadas con la idea de generar un cambio. Con la ayuda de algunos feligreses y el alcalde se construyó un pequeño lugar de reunión. Era una construcción muy simple con cuatro paredes y un techo. El interior era un piso de arena, cubierto con ladrillos. No teníamos dinero para cubrir las paredes con estuco.

Posteriormente, a medida que la comunidad creció, se asignó una nueva trabajadora social llamada Tula Mardesich para reemplazar a Emilia, quien fue trasladada a otro puesto. Una de las primeras tareas de Tula fue trabajar en una aplicación para obtener ayuda de los Estados Unidos para nuestro proyecto en Uru-Uru. Los fondos se obtuvieron a través del proceso de solicitud, por lo que pudimos construir una adición al edificio. Se construyeron un total de cinco habitaciones, varias de las cuales fueron bien pintadas y acabadas. Esas habitaciones iban a ser un consultorio médico, una cocina y una oficina administrativa.

Niños uru uru juegan con arco y flecha

En una de las primeras reuniones en el nuevo edificio, expresé mi deseo de venir a vivir a una de las habitaciones que aún no se usaban. Se había reservado para ser un consultorio médico, pero el médico había dejado de venir al pueblo porque nadie venía a él. Las dos enfermeras que trabajaban allí también dejaron de venir. Debido a que la habitación ya no estaba ocupada, sentí que sería un lugar perfecto para mí. Estar en el lugar me daría la oportunidad de ser parte de la comunidad. Al principio parecía que no había objeciones a esto, pero me preguntaba si algunos tenían sus dudas. No mucho después, llegué felizmente con una cama y artículos personales.

Hubo reuniones de vecinos, reuniones de oración, misas y fiestas en el edificio que se convirtió en un verdadero centro comunitario. Una dificultad que encontré fue la falta de agua corriente en el centro comunitario. Intentamos cavar un pozo, pero después de cavar unos diez pies/tres metros, dejamos de cavar debido a la falta de resultados. Debido a la falta de un pozo, se me hizo necesario ir de casa en casa todos los días, pidiendo agua. Durante estas visitas, pasé tiempo charlando con la gente en un esfuerzo por conocerlos. Fue entonces cuando comencé a aprender sobre las divisiones dentro de la comunidad.

Superar la sospecha y generar confianza

Sorprendentemente, una de las fallas más grandes en nuestra capacidad para unificar a la comunidad se debió a la ayuda que recibimos de las agencias extranjeras. Una de esas agencias fue CARITAS, que se estableció por primera vez en Bolivia en 1959 con la misión de distribuir alimentos, ropa y medicinas a los pobres, los enfermos y los ancianos. Algunas de las personas de la comunidad, que desconocían el alcance y el propósito del programa, comenzaron a acusar a la gente de vender los comestibles o distribuirlos entre sus amigos. ¡Esto estaba basado en percepciones, y no tenía sentido! Qué interminable lío que era. El tema aparecía todos los sábados por la noche como un reloj.

Mi posición habitual era defender a las personas agredidas porque tenía la certeza de que estaban siendo acusadas falsamente. Un vecino en particular me acusó de defender a los jóvenes todo el tiempo. Se dio cuenta de que no era raro que me vieran uniéndome a los jóvenes mientras pasaban el rato para tocar música juntos. Hubo momentos en que las reuniones continuaron hasta altas horas de la noche. El ruido molestó a algunos, por lo que la situación llevó a que una persona me acusara de defender a varios jóvenes con los que me había hecho amigo. Me enojé por este argumento mezquino y me mantuve firme al decirle directamente al denunciante que defendería a cualquiera que fuera inocente de haber cometido un delito. No creo que le haya gustado cómo me defendí. Esa misma noche, escuché guijarros rodando por el techo y golpeando las ventanas de mi dormitorio. Eso me preocupó porque me di cuenta de que incluso un misionero puede temer por su seguridad.

Durante una reunión del domingo por la tarde, el nuevo presidente de la junta del vecindario estaba discutiendo con el presidente saliente. La pareja terminó saliendo de la reunión, saliendo y gritándose enojados en medio de la calle. Los transeúntes se reunieron para ver cómo se desarrollaba el espectáculo. Corriendo afuera, traté de calmar la situación poniéndome entre los dos hombres. No funcionó. Me ignoraron y aumentaron sus gritos aún más. Justo cuando estaban a punto de lanzarse piedras el uno al otro, hice un segundo esfuerzo para interponerme entre ellos, suplicando el fin de la disputa. Afortunadamente terminó, pero fue realmente un momento caótico.

También preocupante era la sospecha entre algunos de los ciudadanos de que debía estar escondiendo a una mujer dentro del edificio. No hablaron abiertamente al respecto, pero decidí quitar sospechas invitando a todos a ver mi vivienda después de una reunión. Una vez que recorrieron la habitación, pudieron ver que mi cama era tan pequeña que era imposible que dos personas durmieran cómodamente en ella.

Además de la cama, lo único que había en la habitación era una mesa que había hecho con una tabla y algunos ladrillos y una silla. Este breve recorrido por la habitación satisfizo su curiosidad, permitiendo que las sospechas se disiparan.

Otro incidente que me trajo más preocupación fue el día que recibí la visita de alguien que no era miembro de nuestra comunidad de la Iglesia. Lo invité a pasar por un vaso de refresco. Durante nuestra conversación, me preguntó a quién pertenecía el centro comunitario. Le respondí que era de los vecinos y no mía. Para mi sorpresa, me dijo que había gente en la comunidad que pensaba que yo quería ser el dueño del lugar. ¡Estaba tan sorprendido y nunca esperé escuchar eso!

Esa noche, solo en mi habitación, sin poder dormir y con miedo de que la situación empeorara, decidí que era urgente recoger mis cosas y salir del barrio, dos semanas antes de la fecha prevista. ¡Quería mantener mi cordura!

Unos días después, el padre Ramón Beaucage, un compañero oblato, llegó con su camión, me ayudó a cargar mis pertenencias en la parte trasera y nos fuimos.

En general, estuve muy feliz durante esos 10 meses viviendo con gente en Uru-Uru. Por primera vez sentí lo que era vivir en una comunidad, rodeada de gente sencilla a la que amaba y era amado por ellos. Lamentablemente, debido a la ignorancia y las sospechas, no pude reparar sus profundas divisiones.

Después de mi partida, la comunidad Uru-Uru continuó fragmentada. Aunque declaré que me iba por motivos personales, algunas personas creyeron que me habían echado del local. La verdad es que dejé el local para que la gente viera que nunca fue mi intención convertirme en el dueño del lugar. Continué visitando el barrio después de aquellos tiempos tormentosos, pero las cosas nunca volvieron a ser las mismas. Algunos de mis amigos en Uru-Uru me preguntaron si algún día regresaría. Les dije que podría hacerlo, pero sabía en mi corazón que nunca volvería a vivir allí.

El Riesgo de Expulsión

Revolución tras revolución

Mientras yo vivía en Oruro durante 1969-1970, Alfredo Ovando Candia era el presidente dictador. Fue una época de gran inquietud. El presidente se había declarado a favor de mejorar las condiciones deplorables en las que vivía la mayoría de los bolivianos. Nacionalizó la Gulf Oil Company e invitó a intelectuales de izquierda a unirse a su gabinete de gobierno. Esta era una tendencia en ese momento en los países sudamericanos, mientras que los regímenes militares de izquierda llegaron al poder prometiendo cambios para las masas.

Pero la promesa de cosas mejores por venir no funcionó. En junio de 1970, otro movimiento marxista impulsado por estudiantes universitarios se hizo popular cerca de La Paz. Esto estaba creando una inestabilidad aún mayor en el país porque el presidente Candia ya no podía complacer a la izquierda política o la derecha conservadora con sus políticas. Esta agitación política constante pasó factura a los misioneros. Estábamos bajo una presión creciente. Cualquiera que ayudara a los pobres o hablara en su apoyo sería expulsado.

¿Cómo podríamos los misioneros aceptar esto?

¡Decir cualquier cosa para apoyar a los pobres ahora correría el riesgo de ser expulsado del país! *¿Qué podíamos hacer?*

Parecía que teníamos las manos atadas, pero al final nos dimos cuenta de que lo que una vez nos dijeron, que "El sacerdote debe permanecer en su sacristía", no era el verdadero camino cristiano. Basta leer el Evangelio para saber que para ser cristiano no hay que quedarse en su sacristía. Hay que salir al mundo a luchar por la justicia.

LA LUCHA POR LA JUSTICIA

Se instala otro nuevo gobierno

Durante septiembre de 1970, había llegado el momento de mantenernos firmes en nuestras creencias y luchar por la justicia. En ese momento, la Iglesia operaba siete parroquias maravillosas y en crecimiento dentro del país. Además de nuestro conocimiento avanzado del evangelio, los misioneros se habían vuelto muy conscientes de lo que se decía en los Documentos de Medellín: el papel del sacerdote incluía la libertad para denunciar las injusticias en el eterno esfuerzo por pasar de un estado de condiciones menos humanas, a un estado de condiciones más humanas. Y además de eso, como compartí en un capítulo anterior, la publicación de *Pedagogía del oprimido* por Paolo Freire proporcionó justificaciones morales para la acción, tan convincentes como los Documentos de Medellín. Por lo tanto, se volvió primordial que deberíamos estar atentamente comprometidos en ayudar a los oprimidos a luchar contra los opresores para lograr una mejor calidad de vida a través de la plena humanización. Nuestras parroquias ya estaban ayudando a las personas a mejorar sus vidas mientras conocían a Jesús. Pero el nuevo gobierno que se instaló en septiembre no lo percibió así. Debido a la política del miedo, el padre Mauricio Lefebvre fue expulsado oficialmente de Bolivia, junto con otros cuatro clérigos: los sacerdotes jesuitas, el padre José Pratts, el padre Federico Aguilo y el padre Pedro Negre, y un ministro boliviano protestante, Aníbal Guzmán.

Los cinco sacerdotes habían protestado activamente por la falta de acción contra las condiciones inhumanas participando en una huelga de hambre. En respuesta a la expulsión, los Oblatos de Oruro posteriormente anunciaron su propia resolución. Nuestra respuesta oficial a la expulsión decía que si a los miembros del clero expulsados no se les permitía regresar a salvo a Bolivia dentro de los 15 días, entonces todos los sacerdotes oblatos en Bolivia dejarían de ejercer su ministerio pastoral. Bajo esta contingencia, solo se atenderían los casos de necesidad más urgentes. Y, además, si después de dos semanas no hubiera cambios, tomaríamos medidas drásticas adicionales.

Sin servicios religiosos, sin bodas, sin bautizos

Este inesperado estado de cosas significaba que no habría misas los domingos, ni matrimonios, ni bautizos, ¡nada! Todo lo relacionado con la Iglesia cesaría. Esperábamos que otras congregaciones también nos apoyaran siguiendo nuestro ejemplo. Lamentablemente, nuestra estrategia de demanda no tuvo mucho impacto en la última versión de otro nuevo gobierno de izquierda que prometía cambios. A los líderes del clero expulsados no se les permitió regresar, así que continuamos nuestra huelga como estaba previsto. Un domingo después de las expulsiones, recuerdo lo difícil que fue informar a los feligreses que esa mañana no habría misa. Estaban bastante sorprendidos y no entendían. Expliqué que cinco miembros del clero habían sido expulsados simplemente por defender los cambios sociales necesarios, pero más importante, cómo el mismo destino podría sucederle al padre Louis Jolicoeur, al padre Jorge Wavreille, al padre Lucas Casaert o a mí. Al escuchar esta alarmante noticia, varias de las mujeres comenzaron a llorar. Otros comenzaron a hacer muchas preguntas sobre lo que sucedería a continuación.

La mayoría de los feligreses no se habían enterado de las expulsiones. Fue un recordatorio para mí de que la mayoría de la gente no lee periódicos ni escucha la radio. Trabajaron tan duro para simplemente sobrevivir, que no tenían mucha inclinación a seguir los acontecimientos actuales de naturaleza política. Y este acto de expulsión se llevó a cabo en las más altas esferas del gobierno y de la sociedad, lugares donde mis feligreses, la gente que constituía la gran mayoría, y la gente que se esforzaba por generar riqueza en Bolivia, rara vez podían participar.

Me sentí terrible por el triste estado de las cosas, deseando poder simplemente desaparecer del escenario como si fuera un acto en una obra de teatro. Pero yo no era actor. Yo era uno de sus líderes espirituales, así que, por más incómodas que fueran las cosas, me mantuve firme, hablando con el grupo para encontrar formas constructivas de mejorar la situación. Insté a las mujeres a unirse y viajar para ver al obispo. Una vez allí, podían apelar al obispo para la protección oficial de todos los sacerdotes que quedaban en el país.

Los sacerdotes que nos quedamos en esta etapa de la revolución no tuvimos más remedio que hacer planes apresurados para salir del país como protesta al gobierno. Ese gesto, pensamos, ayudaría a estimular a los obispos locales a tomar una posición. ¡Qué equivocados estábamos! Los obispos no se sintieron obligados a actuar al unísono. Muchos permanecieron indiferentes a la necesidad de actuar, tal vez porque habían visto tantos trastornos en el pasado, o quién sabe, tal vez también temían por su vida. La verdad era que estábamos perdiendo esta batalla y no sabíamos quién podría ayudar a cambiar el rumbo.

OCTUBRE 1970 EN ORURO

La sangre de la vida

En la mañana del 6 de octubre de 1970, poco tiempo después de la llegada al poder del nuevo gobierno y de las expulsiones, me reunía con los miembros de mi equipo oblato de Agua de Castilla: Louis Jolicoeur, Marcos Van Ryckeghem y Lucas Casaert. Habitualmente nos reuníamos una vez por semana para orar. Fue durante esta reunión que escuchamos que había habido otro golpe y que Juan José Torres estaba ahora en el poder. Agradecimos saber que no hubo derramamiento de sangre. Pero como resultaron las cosas, la información que recibimos era contraria a la realidad. Más tarde ese día, supimos que los soldados estaban matando a estudiantes universitarios en nuestra propia ciudad de Oruro, ¡a solo medio kilómetro de nuestra parroquia!

El terrible calvario comenzó poco antes de las 11:00 horas de esa mañana, luego de que Juan José Torres tomara pacíficamente el control de las instalaciones gubernamentales en La Paz. Justo cuando esto sucedía, estudiantes universitarios de Oruro invadieron la sede de la policía local, apoderándose de todas las armas y municiones que pudieron encontrar. Una vez armados, el valiente grupo de jóvenes corrió hacia el cuartel militar ubicado lejos del centro de la plaza, en las afueras de la ciudad. Una vez allí, pidieron más armas. *Hablaban en serio.* Por supuesto, el ejército resistió. Las tensiones entre los dos grupos diversos se habían estado acumulando durante meses. Era el destino que las condiciones insufribles que vivían los oprimidos eventualmente llevarían a la rebelión armada contra los opresores y su aparato, que en este caso eran los cuarteles militares. Los disparos comenzaron a sonar, lentamente al principio, luego más y más a medida que la lucha se intensificaba. La sangre de los compatriotas bolivianos comenzó a derramarse en las calles de Oruro ese día. Al acercarse la noche, me quedé despierto y preocupado en la casa parroquial, orando por la seguridad de todos. Como se puede imaginar, el día siguiente fue muy caótico ya que las noticias se difundieron por personas que compartían lo que sabían. Muchos ciudadanos habían resultado heridos en escaramuzas con los militares. Salió una llamada de las autoridades médicas pidiendo a la gente que donara plasma sanguíneo. Al escuchar esto, no dudé en viajar al hospital, tomando todas las precauciones en el camino. Sí, donaría mi sangre "yanqui" a los estudiantes universitarios que tantas veces gritaban cosas como "¡Abajo los imperialistas yanquis!". Fue fácil dar de mí mismo de esta manera, incluso si era mi sangre, ya que sabía que era lo correcto.

CAMBIO DE REGÍMENES

Mejorar las condiciones de vida

Con un régimen socialista bajo el poder del presidente Juan José Torres durante 1970, hubo una renovada esperanza por las causas de la clase oprimida. Mantuve este optimismo a lo largo de mi vida como misionero. Después de haber estado en el país durante casi diez años y poder hablar con tantos otros misioneros que sirven a América Latina, todos sabíamos que podría haber una vida mejor para los ciudadanos empobrecidos y sin educación. ¡Pero lograr mejoras sostenibles para su sociedad no fue una tarea fácil!

La nación de Chile, nuestro orgulloso vecino boliviano, estaba bien encaminado hacia un régimen democrático-socialista bajo Salvador Allende. Fue médico y político socialista de toda la vida, ocupando muchos puestos durante una carrera de cuarenta años. Durante noviembre de 1970, Allende se convirtió en el primer marxista elegido presidente en una democracia liberal en América Latina. Sus ambiciones políticas incluían la nacionalización de las principales industrias, la expansión de la educación y la mejora del nivel de vida de la clase trabajadora. El logro de estos objetivos serviría a los mejores intereses de Chile, sin embargo, durante septiembre de 1973, apenas tres años antes de estar en el poder, Allende fue destituido por la fuerza de la presidencia chilena por un golpe militar. Murió poco tiempo después del golpe, en circunstancias menos que claras.

El golpe que sacó a Allende del poder fue apoyado directamente por los Estados Unidos a través de fondos a través de la Agencia Central de Inteligencia (CIA). Apoyaron la llegada al poder del general Augusto Pinochet y su junta militar. Ese nuevo gobierno en Chile eventualmente pasaría a la historia, pero no de manera positiva ya que demasiadas personas desaparecieron para siempre sin dejar rastro, o fueron asesinadas por expresar puntos de vista disidentes.

Entonces, al igual que Chile, Bolivia también estaba en medio de la agitación social y frecuentes cambios de gobierno. Las condiciones en las ciudades y el campo debían considerarse peligrosas dependiendo de quién eras, qué hacías o con quién estabas. Durante los meses posteriores al desbordamiento de las tensiones, los Oblatos intensificaron sus esfuerzos para mejorar las condiciones de vida de los pobres y oprimidos. Iniciamos una expansión sistemática de nuestros programas educativos. Nuestra estación "Radio Bolivia" en Oruro estaba difundiendo mensajes de concientización y explicaciones sobre los derechos de los más pobres. El recién formado Instituto de Investigaciones Culturales para la Educación Popular (INDICEP), estaba organizando cada vez más talleres y seminarios sobre socialismo y sindicalismo, que es una forma de avanzar en las demandas y derechos de los trabajadores a través de las huelgas.

Cortar el cordón a la ayuda exterior

En la parroquia Agua de Castilla en Oruro a principios de 1971, los misioneros empezábamos a sentirnos incómodos dependiendo de la ayuda extranjera para nuestro sustento. Depender de este apoyo financiero externo parecía contradictorio con nuestro compromiso misionero. Empezamos a darnos cuenta de que teníamos que tomar el asunto en nuestras propias manos. Otros misioneros, como los jesuitas, ya estaban haciendo cambios en su estabilidad financiera. Un sacerdote llamado Padre Siccar trabajó en las minas durante 3 o 4 años. Hizo cola como cualquier otro minero para recibir su salario y raciones de comida. El trabajo en la oscuridad y el calor de las minas no fue fácil.

En La Paz, un colega oblato, el padre William DeBock de Bélgica, realizó trabajos ocasionales como cargar y conducir camiones de carga. Al igual que el padre Siccar, quería ganarse su propio sustento.

En nuestro propio equipo Oblato, empezamos a hablar de nuestras preocupaciones por nuestras necesidades y estabilidad financiera. Comenzamos mirando nuestras cuentas, ingresos, gastos y deudas que la parroquia debía. Como ya no deseamos vivir de la ayuda exterior, decidimos reforzar nuestra posición tomando medidas.

Tanto el hermano Marcus como el padre Lucas habían recibido recientemente modestas cantidades de dinero. Se decidió que deberíamos usar ese dinero para saldar las deudas adeudadas. Una vez satisfechas esas deudas, calculábamos lo que necesitaríamos para vivir cada mes. Después de pagar los gastos regulares como la luz y la comida, decidimos apartar individualmente $15.00 cada mes para nuestros gastos personales como tabaco, cine, ayuda personal a los pobres o necesitados de apoyo y transporte.

En cuanto a mí, no fumaba ni gastaba mucho dinero. Como no teníamos auto, yo usaba una bicicleta para viajar por la parroquia. Aun así, $15.00 nunca parecían ser suficientes para durar un mes entero. Como éramos una parroquia de ciudadanos muy pobres, nuestras colectas semanales nunca sumaban mucho. En las misas dominicales, solo recolectamos alrededor de $2.00 en total. Las Misas especiales generaron alrededor de $50.00 por mes, por lo que la cruda realidad era que necesitábamos encontrar una fuente de ingresos para sostener nuestras operaciones y actividades. El padre Louis Jolicoeur y yo comenzamos a dar clases de inglés en la Universidad de Oruro, en el departamento de idiomas. Aunque hacerlo iba en contra de mis convicciones más personales, acordamos que no teníamos otra opción si íbamos a continuar con el trabajo tan necesario en la misión.

Nos pagaban un dólar por hora de enseñanza, que para los estándares bolivianos era un buen dinero. A un maestro de escuela pública o privada se le pagaba, como máximo, sesenta centavos la hora. Entonces, sabiendo que Dios ayuda a los que se ayudan a sí mismos, nos dedicamos a nuestro trabajo todos los días, incluso dedicando horas extras a hacer grabaciones para el laboratorio de idiomas. Ganar dinero extra para sustentar nuestra existencia era *imperativo.*

La Muerte De Un Sacerdote Misionero

Padre Mauricio Lefebvre, OMI

El último sacrificio por la justicia social

En la cruenta batalla que tuvo lugar en las calles de La Paz en agosto de 1971, uno de nuestros hermanos oblatos fue asesinado mientras atendía a los heridos. Su nombre era Padre Mauricio Lefebvre, OMI. Tenía solo 49 años. Conocí al Padre Lefebvre cuando llegué a La Paz en 1961. Él era el párroco de la parroquia "Espíritu Santo" en ese momento. Mauricio inicialmente se presentó como un hombre emocionalmente frío y reservado, sin embargo, pronto supe que mantenía fuertes convicciones en mejorar la vida de los pobres. A mediados de la década de 1960, Mauricio viajó a Praga, Berlín e Italia para estudiar sociología. Ese año sabático también le permitió pasar un tiempo en Israel e incluso en Cuba, un país cerrado a los estadounidenses por su líder,

Fidel Castro.

Durante sus estudios avanzados, el padre Lefebvre buscó los mejores sistemas para implementar mejoras generales en las condiciones de vida en Bolivia. En 1968, Mauricio consiguió un trabajo como profesor de sociología en la Universidad de San Andrés en La Paz. Sobresalió en esta capacidad y fue muy admirado por sus alumnos. Con su reputación creciendo, fue nombrado Decano de la Facultad de Sociología de la universidad, donde pudo continuar su devoción por ayudar a los oprimidos.

El asesinato del padre Lefebvre

Nuestro optimismo bajo Torres, sin embargo, duró bastante poco. Mirando hacia atrás, cualquiera se sorprendería por el rápido reemplazo de los líderes; En septiembre de 1969, el general Ovando tomó el poder, luego de que el presidente y ex general René Barrientos muriera en un accidente de helicóptero. Ovando sobrevivió apenas trece meses en el cargo ante el general Rogelio Miranda. Varios días después, el general JJ Torres se hizo cargo por la fuerza. Así que no nos sorprendió escuchar que se estaba planeando otro golpe, muy probablemente con el apoyo de Estados Unidos a través de la CIA, que se oponía a cualquier forma de gobierno comunista en América del Sur.

Nuestro trabajo siguió igual durante otros diez meses, hasta el 29 de agosto de 1971. Fue entonces cuando sacaron al general Torres y llegó al poder Hugo Banzer. Como resultado de los disturbios actuales, todas las universidades del país fueron cerradas. Nos preocupaba perder los salarios impagos, pero afortunadamente, después de la revolución, la universidad cumplió con sus obligaciones con nosotros pagando todos los salarios atrasados.

El padre Mauricio Lefebvre se encontraba en su despacho de la parroquia de Espíritu Santo aquel fatídico día de agosto de 1971 cuando estallaron tres días de intensa lucha callejera en las calles de

La Paz tras la toma del poder por el general Hugo Banzer.

Mauricio escuchó en la radio que se necesitaban con urgencia voluntarios para recoger a los ciudadanos heridos en las calles. Más tarde se supo que más de cien personas murieron ese día y otras seiscientas resultaron heridas.

Peleas callejeras durante uno de los muchos golpes bolivianos

El golpe, instigado y respaldado por agencias de los Estados Unidos, fue un calvario terrible. El Padre Lefebvre partió en su Jeep, acompañado por el P. Bernard Crochet, sacerdote francés, que estaba de visita en La Paz. Los dos sacerdotes se detuvieron en la clínica de Salud Pública donde se unieron a ellos un médico y una enfermera. En el último momento, otro voluntario, un joven no identificado saltó al vehículo, portando una gran bandera de la Cruz Roja a través de la ventana abierta del vagón. Cuando Mauricio giró el vehículo hacia la calle Rosendo Gutiérrez en un intento de rescatar a un hombre herido, un disparo de rifle golpeó el volante, luego rebotó y desgarró la muñeca derecha de Mauricio. Gritó a todos en el auto que se agacharan. Esas fueron sus últimas palabras. Cuando se detuvo para salir del vagón, otro disparo de rifle lo alcanzó, esta vez en la espalda, lo que lo hizo caer al suelo. Los demás pasajeros lograron escapar del automóvil y refugiarse detrás de un edificio sin recibir disparos. Intentaron desesperadamente poner a Mauricio a salvo, pero cada vez que lo hacían, ráfagas de balas venían hacia ellos. Dadas las circunstancias, no se podía hacer nada más. Todo esto sucedió alrededor de las 6:00 p.m.

Más tarde en la noche, después del anochecer, el padre Pedro Rivals, un oblato de la parroquia de Espíritu Santo fue a Mauricio. Cuando llegaron a la escena, los disparos continuaron, pero los soldados que respaldaban a Torres ayudaron en el esfuerzo de recuperación disparando las luces de la calle para cubrir la oscuridad. Una vez que oscureció, alguien pudo arrastrarse hasta el cuerpo de Mauricio para atar una cuerda alrededor de su pierna y sacarlo de más daño. Se había desangrado trágicamente en las calles de La Paz. Un examen del vehículo mostró que estaba acribillado con 31 balas, lo que indica que su muerte fue un asesinato selectivo.

Las consecuencias Del Golpe de Estado De Banzer

Los manifestantes bajo arresto masivo levantan las manos mientras la policía observa

¿Es el padre Roberto Lacasse un "subversivo"?

El daño al ya debilitado tejido de la sociedad boliviana continuó en los meses siguientes, ya que catorce mil personas fueron detenidas sin causa justificada y más de la mitad de ellas torturadas. Peor aún, otros doscientos manifestantes fueron ejecutados en Cochabamba, lo que le valió el nombre de "Valle de la Muerte".

En las semanas posteriores a la llegada al poder del gobierno derechista de Banzer, las cosas se pusieron aún más difíciles para los misioneros y para la Iglesia en general. Cualquiera que trabajara para ayudar a los pobres era etiquetado como "comunista", "subversivo" e incluso considerado peligroso. La policía comenzó a allanar nuestras casas sin orden judicial para hacerlo. Aunque había un acuerdo en vigor entre la Iglesia y el estado que permitía a la Iglesia el derecho de asilo, ahora estaba siendo ignorado. La casa del obispo López de Lama, la Casa Oblata en Cochabamba y una casa religiosa en La Paz fueron allanadas por la policía. Siempre estaban en busca de armas. Algunos fueron detenidos para ser interrogados y luego liberados. A otros se les dijo que se fueran o se arriesgarían a ser encarcelados o morir. Otros permanecieron escondidos bajo una identidad falsa durante mucho tiempo.

Incluso en un momento me denunciaron como subversivo por un sermón que pronuncié en el aniversario de un mes de la muerte del padre Mauricio. Invité a los sacerdotes y religiosas de todas las parroquias de Oruro, así como a los miembros de otras comunidades religiosas. Sabía que la gente vendría porque Mauricio se había convertido en un héroe del pueblo boliviano. También sabíamos que habría presencia policial, quizá de paisanos. En privado, bromeamos diciendo que guardaríamos los bancos de enfrente para los miembros de la policía.

Pasé una semana preparando mi sermón. Comenzaba "Me gustaría aprovechar esta oportunidad para resaltar el papel del sacerdote en la Iglesia de hoy, inspirado en los documentos del Vaticano II, los de la Asamblea General y el Nuevo Testamento". Mientras hacía algunas ediciones la noche anterior, me angustiaba una palabra en particular. Originalmente continué diciendo que Mauricio había sido "asesinado", luego decidí evitar cualquier posible controversia y en su lugar opté por decir que él dio su vida como lo hizo Jesús.

En las semanas que siguieron, vivíamos en un constante estado de miedo y tensión en nuestra casa de Agua de Castilla. Nuestra sede en Oruro se convirtió en un refugio seguro para los políticos exiliados. Parecía que constantemente venía alguien a buscar refugio de la policía. Hubo momentos en que incluso llevé a la gente a la frontera de Chile para ayudarlos a escapar.

Algunas de las personas que aparecieron en nuestra puerta no eran verdaderos "revolucionarios". En una ocasión, mientras almorzábamos, sonó el timbre. El cocinero abrió la puerta y dijo que había alguien que quería verme. Llevé al joven a mi oficina y me dijo que se había estado escondiendo de la policía y que necesitaba ayuda. Luego me mostró una hoja de papel declarando su membresía en el Movimiento de Liberación. Más tarde supe que el papel era falso. Después de escuchar su historia, le ofrecí algo de comer, pero no lo llevé a nuestro comedor porque tenía miedo de que lo descubriera la policía. Le pedí al cocinero que trajera algo de comida a mi oficina. Mientras tanto, fui a buscarle una manta y algo de dinero. Me dijo que necesitaba el dinero para llegar a la frontera. Tenía mis sospechas sobre él, pero decidí ayudarlo de todos modos.

La manta que le iba a regalar tenía bordadas las letras OMI así que decidí quitarle los hilos rojos antes de dársela. Si lo arrestaran, la policía podría rastrear al donante de la manta y estaríamos en problemas. Cuando regresé a la oficina, él había terminado de comer. Le estreché la mano y lo envié por su camino. Unos días después descubrí que el hombre había estado mintiendo. ¡Todo lo que quería era una comida gratis, diez dólares y una manta!

Las cosas continuaron empeorando en los días y semanas que siguieron. El nivel de represión iba en aumento. Escondimos nuestros documentos importantes dentro del altar de madera de nuestra capilla privada y colocamos algunas cartas y dinero dentro del tabernáculo. Todos sabíamos que el gobierno nos vigilaba muy de cerca.

Llevado a punta de pistola

Un sábado por la noche cuando había regresado a la iglesia después de reunirme con algunos miembros de la comunidad, un soldado armado apareció en mi puerta. Había otro sacerdote en casa esa noche también. A los dos nos llevaron a punta de pistola a un lugar de detención y nos encerraron en una habitación cerrada. Mientras tanto, alguien que visitó la parroquia esa noche descubrió que nos habían llevado al centro de detención local. Se envió un mensaje al obispo René Fernández. Rápidamente vino en nuestra ayuda en el centro de detención, exigiendo nuestra liberación inmediata. Habló con los responsables, asegurándoles que yo y el otro sacerdote no estábamos involucrados en ninguna actividad subversiva. Sus esfuerzos tuvieron éxito y, para nuestro alivio, fuimos liberados esa noche.

A pesar de mi noche llena de acontecimientos, fui a la iglesia a celebrar la misa dominical a la mañana siguiente. En la parte de atrás de la iglesia antes del servicio, mencioné en voz baja a algunas de las personas allí presentes que los soldados del gobierno me habían detenido la noche anterior. No podían creerlo y querían saber más, pero me preocupaba que aún pudiera estar bajo vigilancia, así que no quise hablar más sobre eso en ese momento. Aunque estaba fuera de peligro, mi miedo crecía.

El estrés comienza a pasar factura

Un clima inquieto de miedo

El estrés estaba pasando factura a todos, incluyéndome a mí. Un domingo de octubre, mientras celebraba misa, me invadió un sentimiento enfermizo. El sudor apareció en mi frente y me sentí débil. De repente me sentí débil. Era demasiado malo para superarlo, así que decidí detener la Misa. Le expliqué a la congregación que me sentía enfermo y necesitaba descansar. Después de unos minutos, me sentí un poco mejor, así que reanudé el servicio de todos modos. Una vez que terminó, me puse el abrigo y salí corriendo por la puerta para tomar un autobús de regreso a la casa parroquial para descansar. Pero justo cuando me iba, una mujer del barrio me detuvo. La mujer empezó a quejarse de las riñas que se estaban dando en la parroquia. Sentí que esta interacción podría continuar por un tiempo, sin embargo, me faltaba el deseo de escuchar porque no tenía la fuerza física para hacerlo. Me disculpé con ella, explicándole que no me sentía bien y que no podía ayudar en ese momento.

Esto, por supuesto, fue una excepción a mi enfoque de ser un misionero. Siempre me tomaba el tiempo para hablar con la gente después de misa. Era una práctica estándar escuchar a todos, en cualquier momento y en cualquier lugar. Pero en ese momento no tenía energía, así que me subí al autobús y me fui a casa.

Esa noche no pude dormir. Oré: "Señor, no puedo seguir así por más tiempo. Por favor, dime qué debo hacer".

Sabía que, durante las últimas semanas, desde la muerte del padre Mauricio, no me había sentido bien, nervioso e inquieto todos los días. Mientras yacía en la cama, mi mente comenzó a divagar.

¿Qué tengo que hacer?

La represión del gobierno seguramente continuaría. Pero ¿dónde debo ir? ¿A Cochabamba? ¿A Santa Cruz? Pero eso no cambiaría nada. Tal vez debería irme de Bolivia por un tiempo. Un descanso muy necesario. ¿Pero salir de Bolivia? ¿Cómo podría?

Sin embargo, cuanto más lo pensaba, más me atraía la idea. Estaba llegando a mi punto de ruptura y tenía que tomar medidas. Tuve que irme de Bolivia y partir pronto. Resolví contactar a mi superior, el padre Gregorio Iriarte, lo antes posible.

Afortunadamente, pude reunirme con el padre Gregorio al día siguiente. Escuchó con atención mientras yo le contaba la situación. Le expliqué que tenía los nervios de punta y que no podía seguir así. Me sentí muy cansada y ansiosa cuando sugerí salir de Bolivia por un tiempo. Me miró amablemente y dijo: "Eso era inevitable".

A partir de ese momento, me sentí aliviado. Sentí que toda la provincia oblata de Bolivia me apoyaba. Pronto estaría rumbo a los Estados Unidos.

ESCAPANDO A AMERICA

Cavando hoyos para enterrar maletas

El día antes de partir de Oruro hacia Estados Unidos, el padre Gregorio y yo llenamos una maleta con unos documentos, cavamos un hoyo en una esquina del patio, envolvimos la maleta en plástico y la enterramos. Mientras estaba empacando para mi viaje, miré por la ventana para ver al padre Gregorio cubriendo el sitio con tierra antes de amontonar la leña para ocultarlo aún más. Qué extraño ver que esto suceda, entender completamente que las cosas habían llegado a este punto.

Viajé de regreso a La Paz para iniciar el éxodo. El 9 de octubre de 1971, antes de salir de La Paz, el hermano Miguel Tarifa me llevó al sitio donde mataron al padre Mauricio. Mientras miraba el pavimento, parecía tan ordinario, como cualquier acera. Volvimos a subir al auto que resultó ser el mismo vehículo en el que habían baleado a Mauricio. Miguel me mostró los daños causados por la bala cuando golpeó el volante ese día, y también dónde se incrustó la bala en el asiento trasero. Esto fue desconcertante. ¡Todo lo que quería hacer era salir de allí!

Alivio desde hace mucho tiempo

Al día siguiente, mi vuelo aterrizó en el aeropuerto Logan de Boston, Massachusetts. Era una hermosa mañana de otoño. Dos compañeros Oblatos, el Padre Charlie Breault y el Hermano Valmond Leclerc vinieron a recogerme y me llevaron a la Casa Oblata en Natick, Massachusetts. Durante el viaje, les expliqué lo afortunados que eran de estar en los Estados Unidos, que no podían entender lo que estaba pasando en América del Sur. A medida que nos acercábamos a la casa, me invadió una sensación de alivio largamente esperada cuando me di cuenta de que estaba fuera de peligro.

Durante esa primera semana en Natick, Massachusetts, pasé muchas horas caminando por el bosque, admirando los colores del otoño y escuchando los sonidos de los pájaros a lo largo de los arroyos cristalinos. Me sentí renacer. La tensión y el agotamiento comenzaron a desvanecerse, pero todavía agonizaba por un dilema: ¿Debería eventualmente regresar a Bolivia o quedarme en los Estados Unidos?

Continuando la misión, pero de una manera diferente

Estaba dividido entre dos países que amaba. Me di cuenta de cuánto me había afectado Bolivia. También estaba profundamente consciente del papel que el gobierno de los Estados Unidos a través de la CIA estaba jugando en América Latina. Había muchas preguntas que requerían respuestas. ¿Debería quedarme en los EE. UU. y trabajar para difundir la situación en América Latina? ¿O debería regresar a Bolivia para continuar el trabajo inconcluso allí?

¿Dónde podría ser más útil?

)Entonces se me ocurrió: tal vez podría ser útil dando conferencias o dando una clase sobre el *Tercer Mundo*. Este término acababa de convertirse en una nueva forma de describir a los países en desarrollo que no mucha gente en los Estados Unidos entendía. Resultó que el Colegio Oblato en Natick, donde me alojaba, estaba en proceso de programar cursos para el próximo semestre. Durante la próxima reunión de personal, mencioné la idea y fue bien recibida. Organicé formalmente un esquema del curso y luego lo envié para su revisión. La recomendación del curso recibió rápidamente la aprobación. Después de enviar volantes y colocar algunos carteles para anunciar el curso, me decepciono saber que solo siete personas se inscribieron. ¿Debería siquiera molestarme en enseñar la clase para tan pocas personas? Decidí seguir adelante porque enseñar era algo que quería hacer más.

Los siete alumnos que tuve durante ese curso fueron maravillosos. Todos se interesaron por el tema, por lo que la asistencia se mantuvo al cien por ciento durante todo el semestre. En poco tiempo, los estudiantes traían artículos de periódicos sobre el Tercer Mundo que les habían llamado la atención. Compartimos esos artículos, luego dirigí discusiones ampliadas basadas en mis experiencias. Esto amplio las perspectivas de los estudiantes y condujo a una mayor conciencia de los desafíos sociales en todo el mundo.

El curso finalizó con un taller denominado La *Nueva Realidad del Tercer Mundo.* Una treintena de personas participaron en el evento, pero no solo se centró en América Latina. Una de las presentadoras fue la Hermana Marie–Augusta Neal del Emmanuel College en Boston, quien habló sobre Rhodesia, un hermoso país de África. Hoy, Rhodesia se llama Zimbabwe, pero durante las décadas de 1960 y 1970, las personas que vivían allí continuaron una lucha de décadas contra la sujeción de muchos lados; un gobierno de minoría blanca, movimientos comunistas apoyados por China y los soviéticos, y nacionalistas africanos que buscan unir el continente.

Las similitudes con Bolivia eran muchas. El vasto paisaje de Rhodesia contenía oro, cobre, plata y diamantes. A medida que se corrió la voz, las tribus indígenas fueron colonizadas por los intereses comerciales de Gran Bretaña. Una gran cantidad de riqueza en forma de minerales se exportó fuera del país a expensas de las tribus indígenas que realizaban la mayor parte del trabajo duro en las minas. Para 1980, el país logró la independencia como Zimbabwe, sin embargo, la lucha de la gente común continuó debido a la falta de inversión adecuada en la *infraestructura de la sociedad.* Cuando el taller llegó a su fin, tuve la sensación de que fue un gran éxito, nuevamente debido a una mayor conciencia de los desafíos sociales en el mundo y una mayor perspectiva entre los estudiantes.

El poder acumulativo de la iglesia

En mayo de 1972, recibí una llamada de alguien de la Hunger Coalition de Boston preguntándome si me gustaría hablar en su Marcha por el Hambre. La caminata comenzó en Government Center Plaza en Boston. Las dos mil personas reunidas allí esa mañana estaban impacientes por comenzar la caminata, así que mantuve mi discurso breve. Una vez que se logró eso, me uní a ellos durante la mayor parte del curso de 30k.

Lo que realmente quería hacer era encontrar un grupo religioso existente en el área de Boston, que ya estuviera involucrado en el esfuerzo de educar a los futuros líderes sobre la difícil situación del *Tercer Mundo.*

No planeé hacer un compromiso a largo plazo con nada en Boston porque no sabía cuánto tiempo más permanecería en los Estados Unidos. Dicho esto, quería hacer una contribución en esta área específica, así que contacté al Padre Leo Shea de los *Padres de Maryknoll* en Chestnut Hill, en las afueras de Boston. El padre Shea me invitó a unirme a sus reuniones ese verano.

Misioneros Maryknoll

Antes de dar más detalles sobre mis planes para llamar la atención sobre el Tercer Mundo, debo hacer una pausa para explicar de dónde proviene el nombre *Maryknoll porque es otro capítulo encomiable de la historia católica directamente relacionado con el trabajo como misionero.* Y además de eso, su fundación y los logros posteriores brindan un ejemplo del poder acumulativo de la obra sagrada dirigida por la Iglesia Católica.

Setenta y cinco años antes, dos sacerdotes se inspiraron para crear un sistema de preparación del clero para el servicio mundial a los pobres. Este loable esfuerzo cobró impulso alrededor de 1911-1912, cuando el padre James A. Walsh de Boston, Massachusetts vía Canadá, y el padre Thomas F. Price, el primer nativo de Carolina del Norte en ser ordenado sacerdote católico, convencieron a la jerarquía católica estadounidense que se necesitaba una institución misionera dedicada. Con la aprobación del liderazgo católico de Estados Unidos en la mano, los dos sacerdotes viajaron hasta el Vaticano, la sede mundial de la religión católica ubicada en Roma, Italia. Una vez que el Padre Walsh y el Padre Price se instalaron, asistieron a una reunión con el Papa Pío X. Explicaron sus ideas y respondieron preguntas. Al finalizar la reunión, el Papa Pío X brindó una *Bendición Apostólica* a la iniciativa americana. Esta bendición especial permitió el establecimiento de *la Sociedad de Misiones Extranjeras Católicas de América.*

El padre Walsh y el padre Price regresaron al norte del estado de Nueva York para comenzar a trabajar. Le pidieron a la señorita Molly Rogers, quien más tarde se convertiría en la Madre Mary Joseph Rogers, que contratara a un abogado de Boston y llevara a cabo la compra de noventa y seis acres de tierra en el condado de Westchester para la construcción de un campus ampliado. La compra de esta gran parcela de terreno y edificios se llevó a cabo sin fanfarria porque existía un sesgo anticatólico en muchas áreas del país, por lo que los líderes de la iglesia se reservaron sus planes mientras se adquirían los terrenos.

La visión estratégica para la sociedad misionera se enfocaría en capacitar misioneros que serían colocados alrededor del mundo en las regiones más difíciles. Su modus operandi sería convivir con los pueblos indígenas para asimilar y aprender su idioma, al mismo tiempo que predican la palabra de Dios. Esta institución se conoció como la *Sociedad de Padres y Hermanos de Maryknoll*. Hoy, más de cien años después, hay cerca de quinientos misioneros de Maryknoll sirviendo en todo el mundo, principalmente en África, Asia y América Latina. Ahora que proporcioné esa información de fondo, puedo relacionar mejor cómo se conecta con lo que tenía en mente durante mis reuniones en Boston con el Padre Shea y los demás Padres de Maryknoll en Chestnut Hill, Boston.

Un curso universitario sobre explotación

Durante ese verano, diseñamos un curso que sería ofrecido durante el semestre de otoño en varias escuelas prestigiosas. Ese curso recibió el título *de Explotación del Tercer Mundo.* Se presentaría en la Universidad de Boston, la Universidad Libre de Fenway en Boston, la Universidad Brown en Providence, Rhode Island, y en el Seminario Diocesano en Warwick, Rhode Island.

Empleamos el método de enseñanza de *Maryknoll* , que al principio no era de mi agrado porque estaba más inclinado a dar conferencias y discutir. Pero mantuve la mente abierta sobre este aspecto. Durante ese semestre de otoño, pronto descubrí que era realmente beneficioso incluir una gran cantidad de juegos de roles relacionados con las culturas de los pueblos indígenas como medio para crear una atmósfera de aprendizaje basada en la empatía y la comprensión.

Unas ochenta personas se matricularon en los cursos. No estoy seguro de cuánto sabían realmente sobre la situación porque en ese entonces no realizábamos encuestas sobre un tema antes de enseñarlo. Pero fue evidente que los asistentes se interesaron bastante en el tema del sometimiento del Tercer Mundo.

Al final del curso, me sentí seguro de que todos los estudiantes habían desarrollado una mayor noción de lo que estaba pasando en los Estados Unidos, así como en el resto del mundo. Tal vez este grupo de estudiantes nunca tomaría una posición, ni se comprometería a generar cambios, pero al menos ahora serían más sensibles a las necesidades de la existencia de las personas en los países del Tercer Mundo.

Al igual que con toda educación de calidad, el conocimiento y la perspectiva que brindamos abrieron nuevas dimensiones en la vida de algunos. Las personas a menudo no se dan cuenta de que llevan a cabo su vida diaria de una manera muy egocéntrica. Lo que los estudiantes aprendieron durante este curso les mostró las necesidades reales de tantas personas desesperadas en todo el mundo. Este despertar les ofreció un desafío. No esperábamos que fueran a misiones para ayudar, pero tal vez podrían hacer cosas en sus propias comunidades que tendrían repercusiones en el Tercer Mundo.

Ser parte del cambio para mejorar

Impartir clases durante la estancia de regreso en Natick también resultó ser muy valiosa para mí. La obra misional estaba cambiando y yo era parte de ese cambio. En el pasado, se enviaban misioneros para ayudar con los *efectos* de la explotación, pero ahora pude ver que podíamos desempeñar un papel aquí en los Estados Unidos trabajando en la *causa* de la explotación.

Este nuevo enfoque se discutió en la Conferencia Nacional de Animación Misionera celebrada en Washington, DC en noviembre de 1972. El National Catholic Reporter resumió ese punto de esta manera: "Debemos enfrentar la dura realidad de que las vocaciones para los grupos de envío misionero están disminuyendo. Y debemos preguntarnos ¿por qué?

¿No es que muchos misioneros y órdenes misioneras no están seguros del propósito básico de su trabajo y de su futuro?

Para hacer frente a esta inseguridad, ¿no debemos preguntarnos si los signos de los tiempos están dictando algunos cambios de raíz en el propósito, el estilo e incluso la ubicación de la obra misionera?

Este era el nuevo dilema al que me enfrentaba. ¿Dónde sería más útil? Me puse totalmente en las manos de Dios. Sabía que era sincero al cumplir Su voluntad. Había gente en Bolivia que esperaba y rezaba por mi regreso. Si Él quisiera que volviera a Bolivia, me lo haría saber.

UNA NUEVA OPORTUNIDAD

Bendiciones inesperadas disfrazadas

El semestre de otoño de 1972 aún no había terminado cuando sucedió algo completamente inesperado. A principios de diciembre recibí una carta del Padre Louis Jolicoeur, OMI, un misionero con el que había trabajado en Bolivia. En ese momento, estaba en Canadá en una gira con un grupo de cuatro jóvenes músicos folclóricos bolivianos. Conocía a este grupo de músicos de Oruro, pero siempre me había preocupado que visitar Norteamérica fuera un choque cultural demasiado grande para ellos.

En su carta, mencionó que el grupo estaba por regresar a Bolivia, pero se preguntaba si podrían visitar los Estados Unidos antes de regresar. Sin una invitación formal, no podrían visitar. Me dijo que, si podía encontrar diez compromisos para el grupo, podrían estar disponibles durante diez días, del 6 al 16 de diciembre. Lo pensé un poco, luego le escribí a Louis para decirle que le conseguiría los diez compromisos.

Inmediatamente me puse en contacto con amigos en el área de Natick y otros que había conocido mientras enseñaba. Pronto recibí bastantes invitaciones para que Los Supays hicieran una gira por el Nordeste. No fue fácil sacar esto adelante. Se tuvieron que presentar los documentos necesarios para permitir que los visitantes especiales ingresaran a los Estados Unidos, y además de eso, estaban ocurriendo varias tormentas de nieve cuando llegaron.

Una de las primeras actuaciones del grupo fue en la Universidad de Harvard en Cambridge, Massachusetts. Después de esa actuación, que fue organizada a través de la Oficina Panamericana en Boston, vino a vernos un joven llamado Peter McFarren. Fue pasante de The New World Festival Concerts, una división de la Asociación Panamericana. Estaba tan emocionado con la actuación que nos instó a que llamáramos al presidente de la Asociación de inmediato para programar algunas fechas más. Nunca hicimos la llamada, pero unos días después recibimos una invitación de Peter para actuar en Baldwinsville, Nueva York, con la posibilidad de un contrato para los músicos.

Después de conducir a través de una tormenta de nieve en el norte del estado de Nueva York y sufrir un retraso inesperado de 90 minutos debido a un problema con el automóvil, llegamos a Baldwinsville. Nos recibió el Dr. Robert Pritchard, presidente de New World Festival Concerts. Los músicos se vistieron con sus trajes de concierto, que eran las típicas vestimentas festivas de los campesinos. En una actuación para el Dr. Pritchard y su personal, tocaron una pieza titulada "La Promesa", una canción de amor andina, que combina canto y baile. Es muy fascinante de ver debido a los elementos culturales. El Dr. Pritchard, él mismo un pianista de renombre mundial, exclamó "¡Maravilloso, maravilloso, extraordinario!" Entonces supe que los chicos habían conseguido un contrato para varios conciertos más.

Ampliando el recorrido

La gira musical se amplió para incluir actuaciones en muchas universidades y colegios de todo Estados Unidos y Canadá. Se pagarían los gastos de viaje y alojamiento, además de una modesta compensación por cada presentación. Discutimos la oferta entre nosotros. Lo creas o no, se decidió que me uniría a Louis y los músicos por un período de tres meses durante su gira. No buscaba que me pagaran por mi ayuda, solo pedí un lugar para dormir mientras estábamos en la gira. La vida comunitaria que experimentaría con este grupo era exactamente lo que estaba buscando como sustento para mi vida misionera. Lo que Louis y los chicos lograron con canciones y música en sus presentaciones fue muy similar a lo que yo estaba tratando de hacer cuando sostenía discusiones en las universidades. ¡Ahora sería uno de los Supays!

El objetivo de la gira sería doble: compartir la belleza de la tierra y la cultura boliviana y resaltar los problemas de las naciones del Tercer Mundo en América Latina.

Resurgimiento de la cultura antigua y el orgullo

Después de siglos de explotación por parte de España, Gran Bretaña, Francia y los Estados Unidos, los bolivianos en ese momento estaban encontrando formas de redescubrir su herencia y orgullo por su cultura. Un ejemplo sorprendente que ayudó a restaurar su orgullo fue el colorido poncho que usaban los indígenas. Cuando las mujeres del Cuerpo de Paz comenzaron a usarlo, se estaba gestando un movimiento.

Ver a los extranjeros usar ponchos les dio tanto orgullo a los indígenas que comenzaron a hacer el poncho más colorido y en diferentes estilos. Pronto, para sorpresa de todos, las chicas de clase media también comenzaron a vestirse con el poncho. Personas de todas las clases, nativos y extranjeros, incluidos sacerdotes y religiosos, comenzaron a usar el poncho, que se convirtió no solo en una tendencia de moda sino, lo que es más importante, en un símbolo cultural.

Aún más significativo que la imagen visual del poncho fue el aumento de la popularidad de la música boliviana. Jóvenes músicos tocaron con pasión y demostraron talento tanto técnica como creativamente. Un estilo común de la música boliviana es la danza folclórica conocida como *cueca.* Hay muchas versiones de la cueca, pero no hay dos iguales. Todos los años había festivales folclóricos en Argentina y Chile y los bolivianos solían regresar a casa con el primer premio. El interés por la música folclórica boliviana creció y se podía escuchar en fiestas, barrios y festivales. La popularidad estaba creciendo no solo en Bolivia, sino también en los Estados Unidos, Canadá y Europa.

Símbolos de la identidad boliviana: coloridos ponchos y sombreros

En ese momento, algunos grupos folclóricos bolivianos pudieron realizar giras en esos países, lo que ayudó a aumentar la popularidad de su música. Entre ellos estaban los "Payas", quienes viajaron con el Padre Lucas Casaert, OMI, a su país natal de Bélgica. Otro grupo, los "Jairas" viajó por toda Europa. Por último, el grupo conocido como "Los Supays", con quienes tuve el privilegio de viajar, viajó a muchos lugares de los Estados Unidos y Canadá. Símbolos como el poncho y la música folklórica boliviana son dos ejemplos concretos que ayudaron al pueblo a encontrar su identidad y redescubrir su hermosa herencia. Es bueno mirar hacia atrás para encontrar los verdaderos fundamentos y construir sobre ellos.

De Gira Con Los Supays

Los Supays

Dios nos pone donde quiere

Las experiencias que compartí con este grupo de jóvenes bolivianos me han acompañado toda la vida. A veces, Louis y yo éramos como un padre, un hermano mayor o incluso una madre para ellos. Aprendimos mucho sobre los demás, sobre nosotros mismos y sobre nuestro lugar en el mundo. Conocerlos fue una gran oportunidad.

El mayor del grupo con apenas veinte años era Franz Visitación Arias Mendoza, a quien llamábamos Beto. Nació en Santa Ana, un pequeño pueblo minero cerca de la histórica ciudad de Potosí. Como era el mayor, a veces se consideraba el líder del grupo. Era un músico talentoso que cantaba tenor y tocaba la guitarra española con pasión. También le gustaba tocar el piano y a menudo se le escuchaba tocar canciones como "Yesterday" y "Michelle" escritas por los Beatles.

Era muy sociable y mostraba una gran capacidad para amar. Aunque a menudo hacía sugerencias, rara vez las seguía. Después de las actuaciones, era demasiado tímido para aventurarse y conocer gente. Con el tiempo, su timidez disminuyó, lo que ayudó cuando estaba rodeado de chicas guapas que buscaban su autógrafo.

Beto entendía algo de inglés, pero dudaba en usarlo. Intentó conversaciones, pero no sin dificultad. Podía ser discutidor, especialmente con su hermano, Pablo. Sin embargo, a pesar de sus momentos de tensión, no se guardaron rencores, y siguieron bromas y risas. Su temperamento podía explotar como un volcán, típico de un latino. Le gustaba quedarse despierto hasta tarde viendo películas y disfrutaba jugando juegos de cartas. Era muy bueno leyendo mapas y ayudándonos a navegar mientras estábamos en el camino.

Cuando había un conflicto en el grupo, a veces me acercaba a Beto para ayudar a calmar un poco su ira hacia uno o más miembros del grupo. Era un buen compañero, así que seguí siendo paciente y aprendí mucho de él. Lo que más apreciaba de él era su cualidad infantil de vivir completamente el momento. Su sueño era estudiar medicina.

Pablo era el hermano menor de Beto, de diecinueve años. Era el intelectual del grupo, a menudo hacía muchas preguntas. A veces podía ser bastante serio. Era religioso, quizás debido a la influencia de su padre en su vida. Al igual que Beto, también era un músico talentoso, que tocaba la *quena*, una flauta sencilla hecha de bambú, con seis agujeros en la parte superior y uno en la parte inferior. Lo tocaba como si fuera el instrumento más fácil de tocar del mundo. También tocaba el bombo y componía música.

Durante las actuaciones, Pablo recibió muchos elogios y aplausos. Las chicas jóvenes en la audiencia notaron rápidamente su buena apariencia. Él también era reacio a mezclarse y conocer gente después de los espectáculos, pero eventualmente entablaba conversaciones cuando la gente se le acercaba. Por momentos Pablo estaba melancólico. Era el más preocupado del grupo. Se acostaba temprano y siempre era el primero en levantarse por las mañanas.

Me costó mucho acercarme a él, pero hacia el final de la gira pudimos comunicarnos más fácilmente.

El pastor Pérez Feliciano, quien tenía apenas diecinueve años durante el recorrido, era del mismo pueblo que los hermanos Arias. Era el filósofo del grupo, siempre pensando, reflexionando, buscando. El Pastor tenía un buen corazón y una sonrisa brillante. Tocaba el *charango,* que es un instrumento de cuerda parecido a un laúd, con notable pasión, como si fuera una extensión de su cuerpo. No tenía aires sobre él y era humilde y obediente. Como Pablo, él también puede ser melancólico a veces. A veces se debatía entre quedarse en los Estados Unidos para continuar su trabajo por la causa de la concientización o regresar a Bolivia para vivir de acuerdo con sus convicciones. Le gustaba jugar al billar y su objetivo era derrotarme en un partido. Su hermosa personalidad fue una inspiración para mí.

Durante cada actuación, El Pastor mostraría su talento en el charango. ¡Incluso podía tocar con el instrumento a sus espaldas! Esto siempre traería largos y entusiastas aplausos. Las actuaciones del Pastor fueron apreciadas no solo por el público, sino también por todo el grupo, especialmente por mí. No siempre estuvo tan seguro de permanecer en la gira. Muy pronto el Pastor quiso dejar el grupo y regresar a Bolivia. En ese momento estábamos en Applecrest en Baldwinsville, NY. Convocamos una reunión para llevar el asunto a discusión. Después de escuchar sus preocupaciones, afortunadamente pudimos encontrar una solución y lo convencimos de que reconsiderara su decisión.

Durante los tres meses que pasé con Los Supays, sentí que el Pastor fue quien más maduró y se tomó más en serio nuestro rol. Era fácil ver entonces que sus habilidades intelectuales lo llevarían lejos en la vida.

El cuarto miembro del grupo era conocido como Flory. Su nombre completo era Florentino Requena Quiroga. Provenía de Oruro, y con apenas dieciocho años era el más joven del grupo. Era de estatura juvenil y muy tímido. Tocaba la quena y la guitarra de una manera hermosa. Era duro en sus observaciones diarias de los acontecimientos, pero bueno y generoso de corazón.

No le gustaba jugar a las cartas ni ver la televisión, ni hablaba mucho. Me resultó difícil entablar amistad con él, pero hacia el final de la gira, finalmente se abrió, lo que nos permitió formar un vínculo de respeto mutuo.

Las actuaciones

Nuestras actuaciones normalmente duraban alrededor de una hora. El padre Louis presentaba a los músicos, momento en el que discutían los instrumentos que tocaban y describían cada una de las selecciones musicales. Durante este segmento, pudieron compartir información con la audiencia sobre la cultura boliviana.

En una de las piezas más reconocibles, "El cóndor pasa", popularizada por los músicos estadounidenses Simon & Garfunkel, el padre Louis explicó que, aunque se decía que la canción era de Perú, se originó en el altiplano boliviano. Continuó explicando que la melodía se tocaría en su arreglo original en la quena, que producía un sonido único hecho posible por el suave flujo de aire y la vibración de los labios. Le decía a la audiencia que cada vez que escuchaba la pieza, podía imaginarse al cóndor volando libremente sobre los Andes. Explicó además que el vuelo libre del cóndor es un recordatorio de la libertad que Bolivia está trabajando para lograr. Bolivia pudo haber tenido libertad política, pero no tenía libertad económica. El trabajo de los campesinos estaba siendo explotado y la riqueza de la nación estaba siendo desviada por las grandes corporaciones. Si no se hizo nada para eliminar esta explotación a gran escala, entonces todos los que se mantuvieron al margen y permitieron que continuara fueron cómplices del sometimiento.

Los espectáculos fueron tan únicos que cautivaron al público desde las primeras notas de la guitarra, a través de canciones y bailes alegres y hermosos. Dondequiera que íbamos, escuchábamos a gente describiéndolo como "fuera de este mundo". En Toronto, Canadá, conocimos a un hombre que nos dijo que era un músico que había estado de gira por Estados Unidos durante seis años y que nunca había estado en un espectáculo tan rico y artístico como el de Los Supays. En un espectáculo en Syracuse, Nueva York, el Dr. Pritchard señaló que Los Supays tenían mucho que ofrecer al mundo y que no se daban cuenta del valor de sus habilidades. Mi papel al unirme a la gira fue liderar las discusiones que siguieron a cada actuación. Comenzaríamos describiendo de dónde vinieron los músicos e introduciendo las realidades de la vida en el Tercer Mundo. Al principio los chicos se mostraban reacios a participar en los diálogos. Poco a poco, se abrieron y comenzaron a hacer preguntas a la gente de la audiencia y yo actué como su traductor. Algunas de las preguntas frecuentes fueron:

1. *¿Creen en Dios los jóvenes de hoy? ¿Creen en la Iglesia?*
2. *¿Las personas comparten bienes?*
3. *Si los jóvenes sí creen en Dios, ¿por qué recurren a las drogas cuando tienen problemas?*
4. *¿Son felices las personas que tienen cosas materiales?*
5. *¿Qué define la felicidad para ellos?*

A través de estas discusiones, pudimos mostrarle a nuestra audiencia que, en Bolivia, a pesar de los efectos de la explotación, la gente está feliz y esperanzada para el futuro. Los bolivianos creían que es más importante ser alguien que tener muchas cosas.

Los miembros de la audiencia a menudo explicaron que aprendieron muy poco sobre Bolivia en la escuela. El Pastor observó que lo que había aprendido sobre Estados Unidos en la escuela no era lo que había observado con sus propios ojos. En lugar de un lugar idílico, vio personas con problemas de comunicación y notó que la acumulación de riqueza no necesariamente traía felicidad. Una vez le preguntaron al pastor qué haría para ayudar a su pueblo cuando regresara a Bolivia. Respondió, "no pensamos solo en nuestro país, sino en toda la humanidad. Queremos unirlo". Las discusiones que siguieron a cada actuación enfatizaron que Bolivia, como gran parte de América Latina, era una nación en desarrollo que quería que el mundo entendiera su difícil situación. Una de las canciones del programa se titulaba Canción para mi América, escrita a principios de la década de 1960 por un activista político uruguayo llamado Daniel Viglietti. Este canto de protesta es un llamado a todos los países de América a trabajar juntos, sin mirar su etnia.

Dale la mano al indio

Dale, te hará bien.
Encontrarás tu camino,
Tal como lo encontré ayer.

Dale la mano al indio
Dale, te hará bien.
Estarás empapado en el sudor sagrado
De lucha y deber.

la piel del indio
te enseñare
todos los caminos
Tu debes tomar.

una mano de cobre
Te mostrará
toda la sangre
Tienes que dejar atrás.

es la hora del cobre
Mestizo, lloro y fusil
Si las puertas no se abren solas
El pueblo sabrá abrirlos.

América grita
Y el siglo se vuelve azul
Pampas, ríos y montañas
Están liberando su propia luz.

La canción no quiere maestros.
Jefes: ¡No manden más!
la guitarra americana
En la lucha ha aprendido a cantar.

Vida en la carretera

Además del tiempo que pasamos juntos en las actuaciones, también pasamos muchas horas haciendo cosas cotidianas juntos. Louis estaba a cargo de los niños, pero yo ayudé con algunas de las responsabilidades. Compartimos comidas, cartas, tuvimos largas discusiones y jugamos juegos de cartas. Vivir tan cerca de un grupo de personas no siempre es fácil. Las emociones a veces eran altas, pero aun así nos las arreglamos para tener momentos de comida alegres. Los niños no estaban malcriados cuando me reuní con ellos, y eso no cambió durante el transcurso de su estadía.

Vivíamos una vida simple como ellos estaban acostumbrados. Nos enseñaron a relajarnos ya no tomarnos demasiado en serio. De vez en cuando habría algunas travesuras. Una vez, cuando el grupo estaba actuando en el escenario de la Universidad de Wisconsin, pasé por el vestuario y les hice nudos en la ropa. ¡Quería recuperarlos por todos los trucos que me habían jugado! Todas esas pequeñas cosas contribuyeron en gran medida a calmar cualquier tensión en el grupo e hicieron que nuestra vida cotidiana fuera más agradable.

Todos esperábamos con ansias el correo de Bolivia. Durante la duración de nuestro recorrido, Applecrest en Baldwinsville, Nueva York, fue nuestra base de operaciones. Recogimos nuestro correo allí. Todas las cartas recibidas se pasaron para que todos las leyeran. No había secretos. Las noticias de Bolivia eran noticias de casa para todos nosotros.

Descubrir que los sacerdotes también son personas reales

Nos reuníamos semanalmente para recordar nuestra ideología y nuestra misión. Evaluaríamos las actuaciones y discutiríamos cualquier falla sin ofender a nadie. Nos recordamos mutuamente que, para estar en nuestro mejor momento, todos debían trabajar juntos al tocar, bailar o armonizar. Las reuniones también incluirían tiempo de oración.

Nuestros fondos eran limitados, así que éramos cuidadosos con nuestros gastos. Nunca comíamos en restaurantes caros y aunque me hubiera gustado ir al cine más a menudo, solo fuimos una vez. Los boletos de cine costaban alrededor de $2.50 por persona en ese momento, por lo que el costo de comprar seis boletos estaba fuera de discusión. Por lo general, nos quedábamos en casa y jugábamos a las cartas o veíamos la televisión cuando no estábamos actuando.

Al principio todos me decían "Padre", pero con el tiempo algunos me llamaban Roberto. Una noche, estando en la Parroquia de St. Lucia en Syracuse, NY, los muchachos me contaron que cuando eran niños no pensaban en los sacerdotes. como personas reales, que eran distantes e inaccesibles. Pero ahora, qué felices eran al descubrir que los sacerdotes podían reír, contar chistes y ser como cualquier otra persona. Ellos también eran personas y podían tener momentos de alegría, o de ira. y estar vivo!

Crear comunidad no es cosa fácil para nadie. Nuestro grupo no fue una excepción. Nos tomamos en serio nuestra misión y trabajamos duro en ella. Naturalmente, hubo momentos en los que no todos podíamos estar de acuerdo en algo. Hubo momentos tensos, como cuando Luis se saltó una salida en la Carretera Interprovincial, o cuando Beto acaparó el micrófono en la última función, ¡o cuando Flory de vez en cuando salía del escenario en medio de una función! A veces Pablo tocaba demasiado fuerte el bombo, o el Pastor no tocaba los acordes correctos en el charango. Cosas así nos sucedían todos los días, pero logramos superarlas.

Momentos profundos cuando menos los esperas

A veces, cuando era completamente inesperado, teníamos conversaciones interesantes sobre la vida. Una vez, cuando nos alojábamos en la Universidad de Kent en Ohio, empezaron a preguntar sobre salir con chicas. Les expliqué que las costumbres en los Estados Unidos eran muy diferentes a las de América Latina. Como los hombres jóvenes en cualquier lugar, a veces comentaban cuando veían chicas hermosas.

De vez en cuando los muchachos salían con grandes ideas. Una vez, cuando estaba preparando una conferencia sobre el Tercer Mundo, Flory me preguntó por qué usaba mis vestiduras en el púlpito. Dijo que la gente se disfraza para actuar o montar un espectáculo, como los mismos Los Supays cuando se disfrazan. *¿Estaba montando un espectáculo?*

Sentí como si me hubiera caído un rayo. En ese momento vi a toda la Iglesia, como institución, "actuando" en sus disfraces para la Misa. Le agradecí a Flory por su pregunta tan provocadora. Esta perspicaz observación me mantendría pensando durante algún tiempo.

En otra ocasión, Beto y yo estábamos en un ascensor. Ya había elegido el quinto piso, luego, de repente, alguien saltó justo detrás de nosotros y presionó el botón del tercer piso, Como había seleccionado primero el botón del quinto piso,el ascensor pasó por alto el tercer piso, lo que provocó que la otra persona se quejara y se quejara. Después de que salimos del elevador, Beto me preguntó por qué la persona estaba enojada. ¡No podía entender por qué esperar dos minutos más sería un problema!

¿Valió la pena enojarse con alguien solo porque llegaste a tu oficina dos minutos después?

Esos minutos adicionales se pueden gastar charlando con una persona en lugar de correr de un lugar a otro sin tomarse el tiempo para vivir. Yo creo que los latinos disfrutamos la vida mucho más que nosotros por razones como esta. Para ellos, un momento inesperado se transforma en un momento presente. Tienen la cualidad infantil de vivir en el presente. Los horarios cambian, los autobuses se retrasan, un espectáculo empieza tarde... ¿por qué enfadarse por estas cosas? El pasado ya sucedió, pero el futuro aún no está aquí, así que disfrutemos el presente.

El fin del tour

Al final de la gira, era obvio que los cuatro muchachos habían madurado. Aunque habían perdido un año académico de escolaridad, adquirieron conocimientos avanzados sobre el gran mundo que los rodeaba al apegarse a un programa de viajes y presentaciones, leyendo todo tipo de material, como las cartas que compartimos, y especialmente al conocer gente nueva. El grupo ciertamente descubrió que la vida en Canadá y Estados Unidos no era exactamente lo que esperaban. Después de pasar tres meses con los jóvenes bolivianos, me di cuenta de que no estaban tan impresionados con el estilo de vida estadounidense. Aprendieron por sí mismos que tener dinero no garantizaba la felicidad. Fueron afortunados porque pudieron interactuar con muchas personas hospitalarias y afectuosas a lo largo del viaje.

Los integrantes de Los Supays con el Padre Lacasse y Jolicoeur, que los acompañó en su gira

Algunas de estas personas incluían a los inmigrantes bolivianos Floián e Hilda Luque, quienes ahora vivían en Syracuse, Nueva York. Abrieron la puerta y nos invitaron a pasar a su casa en varias ocasiones. También había una familia puertorriqueña con la que nos hicimos amigos en Syracuse, así que tuvimos la oportunidad de vislumbrar las diferencias sutiles de su herencia latina. En Massachusetts conocimos a Alex y Beatriz Quiroga quienes se habían mudado a Salem. Y finalmente, en Cranston, Rhode Island, conocimos a otra maravillosa pareja boliviana llamada Oscar y Ducy Santos.

Durante la gira de once meses en América del Norte, Los Supays ofrecieron ciento doce conciertos, lo que requirió viajar miles de millas desde Winnipeg, Manitoba, a través de Ontario, a través del medio oeste de Canadá hasta Quebec, y en los EE. UU., principalmente en Nueva Inglaterra y Nueva York. Conocimos gente de todas las clases sociales y de diferentes religiones, desde "hippies" en Harvard Square en Boston, hasta un monasterio de monjas de clausura en Canadá. Tuvimos éxito en todo momento y ayudamos a difundir el mensaje de que, a pesar de las dificultades que existen en el Tercer Mundo, Bolivia es un país hermoso con valores fuertes y una cultura rica.

Cuando comenzó la gira, observamos que los estadounidenses sabían muy poco sobre América Latina y menos aún sobre Bolivia. La forma en que llevamos a cabo la gira ayudó a cambiar eso. El Pastor lo resumió muy bien a una de nuestras audiencias: "nuestra esperanza es que ustedes se interesen en nuestra realidad latinoamericana tanto como nosotros nos interesamos en la suya".

OTTAWA, VERANO DE 1973

¿Por qué ir a las misiones?

Durante noviembre de 1972, justo antes de salir de gira con Los Supays, asistí a una Conferencia Nacional de Animación Misionera de cuatro días en Washington, DC. Fue durante esta conferencia que me enteré de un programa programado para el verano siguiente en Ottawa, Canadá. Recibí una invitación para asistir del Padre Henri Goudreault, OMI.

La conferencia se llevaría a cabo en la Universidad de Saint Paul. Su programa de eventos incluía cursos breves diseñados específicamente para misioneros que estaban de licencia y querían aprender cómo lidiar mejor con el rol cambiante de los misioneros. El tema de ese año fue bastante oportuno, especialmente para mí: *"¿Por qué ir a las misiones?"*

A fines de julio de 1973, unos meses después de terminar la gira con Los Supays, viajé a Ottawa para asistir a la conferencia. Al llegar, fui recibido por el Padre Hermegildo Charboneau, secretario del Instituto Misionero, y el Padre Claudio Champagne, OMI, seminarista y uno de los presentadores. La mayoría de los participantes eran misioneros canadienses, provenientes de la Provincia de Quebec, y habían trabajado en misiones en todos los continentes. Las religiosas constituyeron el ochenta por ciento de los asistentes, siendo el veinte por ciento restantes compuestos por hermanos y sacerdotes. Muy pocos eran de los Estados Unidos, pero había seis misioneros de Nueva Inglaterra, que habían estado trabajando en Haití. Algunos de los presentadores incluyeron: Padre Robert Ageneau, editor de la publicación francesa *Spiritus* ; el padre Marcel Boivin, MB, que enseñaba en el seminario de Vanier y estaba pensando en volver a su misión en África; y el Padre Yves Raguin, SJ, quien dedicó veinticuatro años de su vida en el Instituto Asia, y luego se convirtió en profesor en el Instituto Ricci en Taipei, Taiwán. Más de cien misioneros, muchos de los cuales habían trabajado en países asiáticos, asistieron a la primera sesión en Vanier, en las afueras de Ottawa, del 29 de julio al 10 de agosto. La segunda sesión se llevó a cabo del 12 al 14 de agosto y contó con alrededor de setenta asistentes.

Ser parte de un bien mayor en el mundo

Aunque la segunda sesión tuvo menos participantes, hubo mucho entusiasmo. En esta sesión, treinta representaron a América Latina y el resto en su mayoría de países africanos.

Como mencioné anteriormente, el enfoque de las dos primeras sesiones fue ayudar a los misioneros a decidir si podían hacer una contribución mayor en sus países de origen o en sus misiones.

Además de las presentaciones en sí, el tiempo entre sesiones también fue muy beneficioso para todos. Ya sea caminando afuera entre clases o compartiendo la hora del café, las conversaciones que se desarrollaron fueron espontáneas y genuinas. A pesar de no habernos visto nunca, sentíamos que nos conocíamos desde hacía mucho tiempo. Nos unía la necesidad de compartir nuestras experiencias, miedos, alegrías y motivos de compromiso misionero. Fue una experiencia valiosa que nutrió el alma.

Al final de la conferencia, la mayoría de los participantes habían resuelto regresar a sus misiones, con una actitud nueva o fortalecida hacia su trabajo. La energía positiva de todos en la conferencia nos ayudó a darnos cuenta de que éramos parte de un bien mayor en el mundo: una fuerza espiritual mucho más grande que la que podríamos sentir como individuos que se ocupan de nuestros asuntos como misioneros en tierras extranjeras. Esta nueva comprensión de nuestra influencia acumulativa creó una claridad especial, que podría haber faltado en nuestras mentes cuando éramos más jóvenes. Sí, entendimos que habíamos elegido una vida con propósito, alejarnos para comunicarnos unos con otros, compartir historias y desarrollar nuevas iniciativas fue un factor determinante para una mayor motivación.

Conclusion Comida Para Llevar

Volverse completamente empoderado

Muchos de los puntos tratados en la conferencia de Ottawa reforzaron lo que ya había aprendido en mis experiencias personales en Bolivia. Un presentador, el padre Ageneau, explicó cómo se debe alentar a los oprimidos, silenciados durante tanto tiempo, a hablar. Esto fue exactamente cierto en Bolivia. La gente de allí no sabía cómo expresar su agresión que había estado enterrada durante tanto tiempo. Como un niño que tiene una rabieta, no sabían cómo expresar sus emociones de manera segura. Por lo tanto, nos comprometimos a ayudarlos a articular sus sentimientos de una manera constructiva para que no solo los escuchen, sino que los entiendan.

Durante otra sesión, presentada por el Padre Raguin, la discusión fue sobre la espiritualidad misionera. Comparó a un misionero con un catalizador. En química, un catalizador es algo que aumenta la tasa de cambio en una reacción química sin cambiarse a sí mismo. Pero el padre Raguin continuó diciendo que, a diferencia de la química, el misionero que actúa como catalizador debe cambiar él mismo durante el proceso si quiere continuar creciendo hasta convertirse en un misionero plenamente empoderado.

Me di cuenta de que eso era exactamente lo que me pasaba a mí. Al traer al pueblo a Dios, y Dios al pueblo, había cambiado mucho. Ciertamente no era la misma persona que era diez años antes, nunca sería como cuando dejé mi país para ir a Bolivia. El trabajo misionero y los bolivianos me habían cambiado para mejor. Ya no solo veía mi propio punto de vista, sino que aprendí a escuchar para entender los puntos de vista de los demás.

Cuando llegué por primera vez a Bolivia, creí erróneamente que necesitaba cambiar a la gente allí. Pero sucedió todo lo contrario: ¡los bolivianos, con sus ricas tradiciones y su humilde fe en Dios, son los que me cambiaron! Con el tiempo mi perspectiva se hizo más amplia, tan amplia que ahora simpatizaba más con mi país de adopción, Bolivia, que, con mi país de origen, Estados Unidos. Había llegado a considerarme latinoamericano. Mis lealtades estaban con los oprimidos. Hacia el final de la sesión final, se nos pidió que compartiéramos nuestras razones para regresar a nuestras misiones. Estas son algunas de las respuestas que se dieron:

Para compensar la falta de clero nativo

Formar maestros laicos

Dar testimonio de vida cristiana

Para seguir aprendiendo de la gente.

¿Cuál es la mejor manera de proclamar la Palabra de Dios?

Me llamó la atención que ninguno mencionara que regresaría a su misión de ayudar a las personas a comprender su opresión. En mi opinión, este debería haber sido uno de nuestros principales objetivos como misioneros. Creí que debería ser nuestro deber ayudar a alejar a estas comunidades de la pobreza y la indigencia, hacia la liberación y una vida mejor. Debemos enfocarnos en la necesidad de justicia social cuando enfrentamos la opresión. En nuestro trabajo por el desarrollo humano, no debemos perder el tiempo preguntándonos adónde vamos a llegar o hasta dónde debe llegar nuestro compromiso. Debemos hacer todos los esfuerzos hacia la liberación, siempre que la liberación es la que conduce a una vida mejor.

Y así, nos quedamos con esta pregunta: "¿Cuál es la mejor manera para que usted proclame la Palabra de Dios en su país de misión?" El Padre Raguin nos dijo que esta pregunta debe hacernos reflexionar sobre nuestro papel en las misiones. Él dijo: "Algunos de ustedes podrían decir que el tiempo de las misiones ha terminado. Tal vez un cierto estilo de trabajo misionero haya terminado, pero está comenzando un nuevo modo".

En ese nuevo estilo de trabajo misionero, el papel del misionero sería escuchar a la gente, ayudarla a articular su agresión hacia sus opresores y enseñarle acerca de Dios. Lo que importaba era que la gente pudiera expresarse libremente. Además, debemos recordar que el cristianismo no debe imponerse a las personas, sino que debe compartirse como lo hizo Cristo. Para difundir el mensaje del Evangelio, debemos saber comunicar. La mejor manera de hacerlo es aprender primero el idioma nativo de las personas para que podamos entender y escuchar verdaderamente sus preocupaciones y necesidades. La gente tiene algo que decirnos. Como describió el Padre Raguin, seremos el feliz catalizador que cambiará al unir dos elementos: Dios y el pueblo. Qué alegría para el misionero cuando ve que la gente está aprendiendo acerca de Dios en su propio idioma.

¿Por qué, en efecto, el misionero moderno debería volver a su misión? Debe volver para revelar el misterio oculto, el misterio del amor de Dios por el hombre. "Ve y di todo lo que has visto y oído". Y así, el misionero estará decidido a amar a todo ser humano. Dificultades hay y habrá siempre, pero, como nos recordaba el Padre Raguin: "La Iglesia no está acabada. Seguiremos aprendiendo de la gente en nuestra vida cotidiana".

Liberación del egoísmo

Como todo misionero, sabía que debo profundizar mi propia vida personal de oración para poder sobrevivir a las dificultades que puedan surgir. Hay que trabajar por la liberación humana, tanto para mí como para mi pueblo. ¿Cuál es el significado de esa liberación en mí? Es la liberación del egoísmo, de todo lo que me esclaviza. El misionero debe sus ventanas abiertas a Dios y su puerta abierta al mundo. Que la gracia de Dios vaya y venga para alcanzar a todos los pueblos y a todas las naciones.

Al final de la conferencia, compartimos nuestras despedidas. En lugar de lágrimas y caras tristes, era más como si un rayo de sol brillara sobre nosotros. Mientras nos abrazábamos, recordábamos los momentos felices que compartimos... las liturgias sentidas, las comidas sencillas pero ricas que compartíamos, las bromas y la alegría que llenaban nuestro tiempo libre. Se extendieron invitaciones para visitarnos en nuestras respectivas misiones. Mientras partíamos, se escuchó a algunos cantar los versos de una canción litúrgica favorita con esta letra:

"Camina a cada calle y esquina
Para encontrar a mis amigos
Todos mis hijos de luz
viviendo en la oscuridad
Todos los hijos de mi Padre
Separado de él
Andar a todas las calles y rincones
Y sed mis testigos cada día".

Misioneros oblatos reunidos para una cena semanal

Un nuevo tipo de cuidado pastoral

Ver las actitudes materialistas en los Estados Unidos me hizo querer volver a mi trabajo en Bolivia más que nunca. Había mucho por hacer, pero pocos eran llamados al sacerdocio y muchos seminarios habían cerrado sus puertas. ¿Cómo podría cubrirse la necesidad? ¿Qué clase de sacerdote necesitaba el mundo? La Iglesia es el pueblo de Dios, ¡nunca debemos olvidar eso! La Iglesia no es, ni ha sido nunca, una minoría y una jerarquía privilegiadas. El pueblo formará la base de la futura Iglesia.

En Bolivia, personas como Santiago Condori estaban dando el ejemplo de la dirección que debía tomar la iglesia. Era un nuevo tipo de líder comunitario aprobado por la comunidad y mejor preparado para liderar esa comunidad porque conocía sus costumbres, hablaba su idioma y vivía entre ellos. Catequistas como

Santiago, que vivían en las tierras altas de Bolivia y Perú, estaban allanando el camino hacia un nuevo tipo de atención pastoral. Hubo renuencia por parte de algunos obispos a aceptar estos cambios, pero creo que el Espíritu Santo estaba obrando aquí. Sin duda, involucrar a los nativos en este tipo de trabajo pastoral fue de gran interés para mí y algo en lo que trabajé durante muchos años en Bolivia.

Afinando el sistema misional

Aunque hubo un esfuerzo por cultivar las vocaciones nativas, la labor de los misioneros extranjeros seguía siendo importante, especialmente para aquellos que tenían cinco años o más de ministerio y estaban abiertos a la reflexión y al cambio. Conseguir nuevos misioneros era un dilema. Eran necesarios, pero no todos estaban capacitados para la tarea. El hecho de que alguien se ofreciera como voluntario para trabajar en un país extranjero y aprender el idioma no significaba que debería ser aceptado automáticamente. Tenía que haber selectividad. No podíamos darnos el lujo de experimentar. La motivación del candidato tenía que ser considerada seriamente por esa persona y por la comunidad a la que serviría.

Recuerdo haber leído sobre el obispo Helder Camara, de Brasil, dando una charla en una escuela en Bélgica. Después de la charla, un estudiante decidido se acercó al obispo y le preguntó si podía ir a Brasil como misionero. El obispo le dijo que más le valdría quedarse en su país, en su entorno y trabajar para cambiar la actitud de los explotadores. En otra ocasión, en mayo de 1968, cuando el obispo Camara se dirigía a un numeroso grupo en París, dijo: "A los jóvenes aquí, tanto capitalistas como comunistas, les tengo que dar este aviso. Piensen menos en ir al Tercer Mundo a incitar levantamientos violentos, quedarse en casa y ayudar a despertar a los países ricos al hecho de que necesitan una nueva visión, una estrategia de desarrollo, una revolución de la humanidad".

Detener la dependencia de los misioneros extranjeros

En nuestro propio grupo de Oblatos, luchamos con este punto: ¿debemos o no debemos aceptar misioneros extranjeros en nuestras filas? ¿Sería mejor, como sugirió el obispo Camara, "que se queden en sus países de origen para trabajar por la justicia?" Por varias razones, pensamos que debía detenerse la entrada de misioneros extranjeros. Estábamos preocupados de que nuestras estrategias para ayudar a los pobres no continuaran. Cada vez que un misionero nuestro tenía que salir del país, por enfermedad o por vacaciones, era reemplazado inmediatamente por otro misionero extranjero. Eso estaba creando una actitud de dependencia en la mente de la gente: sabían que siempre les enviarían un reemplazo. Si esto continuara, se ignoraría la posibilidad de producir algún clero nativo.

En otra ocasión, en 1971, tuvimos dos o tres candidatos de Francia. Dos estaban interesados en venir a Bolivia. Escribimos al Provincial de Francia que no estábamos interesados en recibir nuevos misioneros. Después de unos meses recibimos cartas de los propios interesados. Les dijimos que discutiríamos sus solicitudes en nuestra próxima reunión regional de Oblatos. Mientras tanto, en una sesión general en Oruro, volvió a surgir el tema. Esta vez quedó claro que cualquier equipo oblato que aceptara nuevos misioneros sería responsable de ellos. Volvimos a escribir a Francia y dijimos que los candidatos interesados en venir a Bolivia podían venir si estaban dispuestos a trabajar en las condiciones establecidas, siguiendo nuestros objetivos. Finalmente, el equipo Oblato que trabaja en las comunidades mineras de Siglo XX, Llallagua y Catavi decidió acoger a los nuevos misioneros. Llegaron en enero de 1972, tiempo durante el cual yo había viajado a Estados Unidos. El suyo no había sido un proceso fácil. Había una necesidad de su ministerio, pero también queríamos llamar la atención sobre la necesidad de cultivar vocaciones entre los pueblos originarios.

Tomando acción

Convertirse en la iglesia del futuro

La Iglesia del futuro... Todos tratábamos de imaginar la Iglesia del mañana. Pero el futuro ya estaba en nuestras manos. Somos los hacedores de la historia, que es tejida por seres humanos que viven el presente, reflexionan sobre el pasado y proyectan el futuro.

Si la Iglesia quería ser fiel a su vocación, necesitaba escuchar el clamor de la gente y atender sus necesidades. No debemos permitirnos distraernos como el emperador Nerón y su corte se distrajeron cuando ardió Roma. No se deben repetir los mismos errores una y otra vez. Si vamos a distraernos con cosas triviales como el tamaño del hábito de una monja o si es mejor dar la comunión en la mano o en la lengua, somos como los romanos distraídos cuando Roma ardía. Vayamos al pueblo de Dios, estemos con ellos, escuchémoslos, amémoslos. Abordemos los problemas reales.

Al igual que los israelitas del Antiguo Testamento, el pueblo de Dios clamaba por liberación. ¿Qué estábamos haciendo en nuestras parroquias bien organizadas con las colectas semanales? ¿Estábamos liberando a nuestro pueblo o nos estábamos haciendo un nido cómodo? ¿Y nuestras liturgias estaban alimentando el hambre de liberación? No faltaban párrocos débiles que sólo pensaban en el dinero que les llegaba en su ministerio. Era hora de despertar si queríamos sobrevivir. Así es como vi el papel de la Iglesia, especialmente en lo que respecta a los países del Tercer Mundo. En ese momento, el veinte por ciento de la población mundial poseía el ochenta de la riqueza. El resto del mundo, los marginados, los que no tenían voz en la toma de decisiones, los que estaban aislados de la sociedad, luchaban entre sí por el veinte por ciento restantes de los bienes del mundo.

¿Por qué era sorprendente que siempre hubiera guerras? ¿Dónde estaba la imagen de Dios? La humanidad está creada para ser libre… ¿Existía eso? ¿La humanidad dominó las máquinas o fue dominada por ellas? A lo largo de los años, la humanidad, voluntariamente o no, conscientemente o no, ha creado obstáculos en su camino. Esos obstáculos son la codicia y el interés personal que a su vez crearon otros problemas como la explotación y la injusticia.

Lograr claridad de pensamiento y propósito

Nuestro papel como misioneros debe ser hacer todo lo posible para eliminar esos obstáculos y restaurar a la humanidad a la imagen de Dios. En otras palabras, debemos amar a Dios y a nuestro prójimo como a nosotros mismos. Al hacer eso, necesariamente vamos a tomar riesgos. Y si nos tomamos en serio el Evangelio, tendremos que comprometernos, como el padre Luís Espinal, el padre Mauricio Lefevbre, el padre Gregorio Iriarte y tantos otros que conocí en América Latina. La tarea sería grande y las consecuencias podrían ser el encarcelamiento o incluso la muerte. Para alguien sin fe en Dios, este compromiso sería impensable. Pero para los que tuvieran fe en Dios, ellos serían la semilla que debe morir para dar fruto.

Los documentos de la conferencia de obispos latinoamericanos en Medellín, Colombia en 1968 hicieron mucho para definir nuestro papel como misioneros. Aquí hay algunos extractos que fueron de particular importancia para mí:

II. Reflexión doctrinal

4. *Sólo a la luz de Cristo se aclara el misterio humano. En la economía de la salvación, la obra divina es una acción de desarrollo y liberación humana integral, que tiene como único móvil el amor.*

17. *Nos gustaría dirigir nuestra llamada en primer lugar a aquellos que tienen una mayor cuota de riqueza, cultura y poder. Sabemos que hay líderes en América Latina que son sensibles a las necesidades de la gente y tratan de remediarlas.*

18. *También son responsables de la injusticia quienes permanecen pasivos por temor al sacrificio y al riesgo personal que implica toda acción valerosa y eficaz.*

tercero Conclusiones Pastorales

6. *Nuestra misión pastoral es esencialmente un servicio de estímulo y educación de la conciencia de los creyentes, para ayudarlos a percibir las responsabilidades de su fe en su vida personal y en su vida social.*

22. *Defender los derechos de los pobres y oprimidos según el mandamiento evangélico, instando a nuestros gobiernos y a las clases altas a eliminar todo lo que pueda destruir la paz social: la injusticia, la inercia, la venalidad, la insensibilidad.*

23. *Favorecer la integración, denunciando enérgicamente los abusos y las injustas consecuencias de las excesivas desigualdades entre pobres y ricos, débiles y poderosos.*

27. *Alentar y favorecer los esfuerzos del pueblo para crear y desarrollar sus propias organizaciones de base para el resarcimiento y consolidación de sus derechos y la búsqueda de la verdadera justicia.*

¿Cómo actuarían los buenos samaritanos?

Las recomendaciones esbozadas en Medellín deben definir el papel no solo de los misioneros, sino de cada cristiano en este mundo. La historia del Buen Samaritano (Lucas 10:30-37) es una buena manera de ilustrar cómo podemos elegir actuar. ¿Qué hizo cuando encontró al hombre tirado en el camino? Él lo ayudó. Pero suponemos lo siguiente: si el Buen Samaritano hubiera pasado por ese camino más temprano en el día y hubiera atrapado a los bandidos en el acto de golpear al viajero, ¿qué habría hecho en ese momento? ¿Habría intervenido? Esa acción le habría ahorrado mucho sufrimiento al hombre. Pero, vayamos más allá: suponiendo que el Buen Samaritano hubiera sabido que este evento iba a suceder, ¿qué habría hecho? Habría hecho todo lo posible para evitar ese evento. ¿No es cierto?

En nuestra vida diaria, nos encontramos en situaciones en las que estamos llamados a ayudar. Intervenir o prevenir. En nuestro compromiso con la realidad del Tercer Mundo, es lo que estamos llamados a hacer. Nosotros también nos enfrentamos a un hombre, o una mujer, que ha sido asaltado, robado y dejado medio muerto en la calle. A veces, lo único que podemos hacer es ayudar. Dale la mano a un minero que no tiene suficiente dinero esta semana para pagar su comida. Dar cobijo a un joven que debe huir de su hogar.

Si estamos comprometidos con la comunidad, intervendremos cuando veamos que se cometen injusticias ante nuestros ojos. Muchos misioneros en América Latina hicieron precisamente eso. Cuando veían a alguien maltratado en el trabajo, abogaban por los derechos de los trabajadores. Si quisiéramos dejarnos conmover por el amor al prójimo, deberíamos esforzarnos por hacer todo lo posible para evitar las injusticias de nuestros amigos, dondequiera que estén en el mundo. En los países en desarrollo, estábamos organizando programas para prevenir la explotación futura.

Otro ejemplo que ilustra el proceso de liberación se basa en un antiguo proverbio chino que dice: "Si le das un pescado a un hombre, mañana tendrá hambre. Si le enseñas a un hombre a pescar, será más rico para siempre." Si un pobre llama a mi puerta, mi reacción sería darle un pescado. Pero ¿cuántos de nosotros estamos dispuestos a salir de nuestras comodidades y ayudar a los necesitados? Es algo para pensar...

El Evangelio invita y desafía a todos a involucrarse. Si nos comprometemos, sentiremos una gran alegría, una satisfacción interior que nos llega cuando hacemos algo para que los demás sean libres.

¿AYUDAR O LASTIMAR?

Ayudando a los invisibles y marginados

Toda la ayuda que habíamos derramado en América Latina hasta ese momento quizás no era el mejor enfoque, especialmente si solo ayudaba a mantener a los militares en el poder. ¿Cómo podríamos apoyar a un gobierno militar que torturó a personas inocentes? Lamentablemente, eso es lo que sucedió en América Latina.

En su libro de 1971 *Conciencia para la Liberación,* el estadounidense Louis Colonnese esbozó una "Nueva Política para América Latina". Sugirió "retirar la presencia militar, poner fin a las subvenciones y los programas de entrenamiento, y cortar cualquier conexión que hayamos buscado formar con las instituciones militares latinas". Aquellos que enviaban ayuda a América Latina generalmente no sabían que había dos Américas Latinas, una visible y otra invisible. Tomemos como ejemplo a Bolivia, cuando nuestro país enviaba ayuda exterior a Bolivia, ¿qué significaba eso? dominaban las estructuras de poder y tomaban decisiones favorables para ellos mismos. La otra parte de la sociedad, la Bolivia invisible, eran los pobres y marginados. No tenían voz en las decisiones que se tomaban ni en cómo se gastaba el dinero de la ayuda.

¿Cómo podrían las personas en el hogar ayudar a los marginados de manera significativa? En ese momento, a menudo se pedía a los estadounidenses en los anuncios de televisión que "enviaran sus dólares a CARE". ¿Fue esta una buena manera de ayudar? Al enviar dinero a organizaciones humanitarias internacionales como CARE, los estadounidenses pueden haber creído que habían hecho su parte, luego volvían a su sillón favorito, bebían sus martinis y sentían que su conciencia estaba tranquila. ¿Ayudarían donaciones como estas a solucionar los problemas o simplemente ayudarían a mantener el estado quo? Si sus dólares realmente llegaban a los marginados, las personas que los recibían eran tratadas como mendigos. Los pobres de Bolivia necesitaban ayuda, pero hubiera sido mejor tratar de ver cómo podíamos ayudarlos manteniendo su dignidad y evitando que el dinero cayera en manos de los militares. La gente pobre de Bolivia necesitaba capital para iniciar negocios u otros proyectos.

Exigiendo Justicia e Igualdad

Aunque no siempre es posible, es bueno llegar a los necesitados tomándose el tiempo para hacerlo, haciéndose amigo de ellos, sentándose a su mesa y hablando su idioma. Debemos considerar sus necesidades, no las nuestras.

Una vez que sepamos cuáles son sus necesidades, hablemos en términos de amigos, no en términos de ayuda. Hablemos en términos de compartir, no en términos de explotación. En la reunión de la Conferencia de las Naciones Unidas sobre Comercio y Desarrollo en Santiago de Chile en 1972, un artículo de la revista *Mensaje* decía lo siguiente: "Hay demasiada falta de igualdad entre las naciones, demasiada injusticia, demasiada hambre, miseria, desesperación, en la mayoría de la humanidad. Ese es un explosivo que tarde o temprano explotará. Los países ricos deben entender que... es lo que une a las naciones débiles para que puedan ejercer presión sobre las grandes naciones y resultar en más que relaciones comerciales".

Aún hoy la cuestión es esta: no pedir favores a los países de medios, sino exigir justicia y equidad. No es correcto que los países ricos se enriquezcan a expensas de los países pobres. Sin embargo, eso es lo que sucede a través de las ganancias excesivas que obtienen de sus inversiones en países del Tercer Mundo. Sólo cuando todos los pueblos, poderosos y débiles, tengan las mismas oportunidades y lleguen a tratarse como hermanos, sólo entonces será posible, como dice san Agustín, "hablar de un mundo que se haga real y humano". Se necesitaría una nueva política de ayuda a América Latina para lograr la liberación.

Al establecer un diálogo con los pueblos del Tercer Mundo, descubriremos muchos de sus valores. Pueden ser pobres materialmente, pero son muy ricos en cualidades humanas. Veremos que no somos superiores, sino diferentes. Lo que consideramos desarrollo para nosotros no es necesariamente desarrollo para ellos. Entonces, antes de encontrar una solución al subdesarrollo, creo que primero debemos quitar las cadenas que causan el subdesarrollo. Luego debemos escuchar a la gente y finalmente hacer la planificación con ellos. Los latinoamericanos tienen mucho que ofrecernos.

La sopa de la cocina de la misión proporciona la nutrición

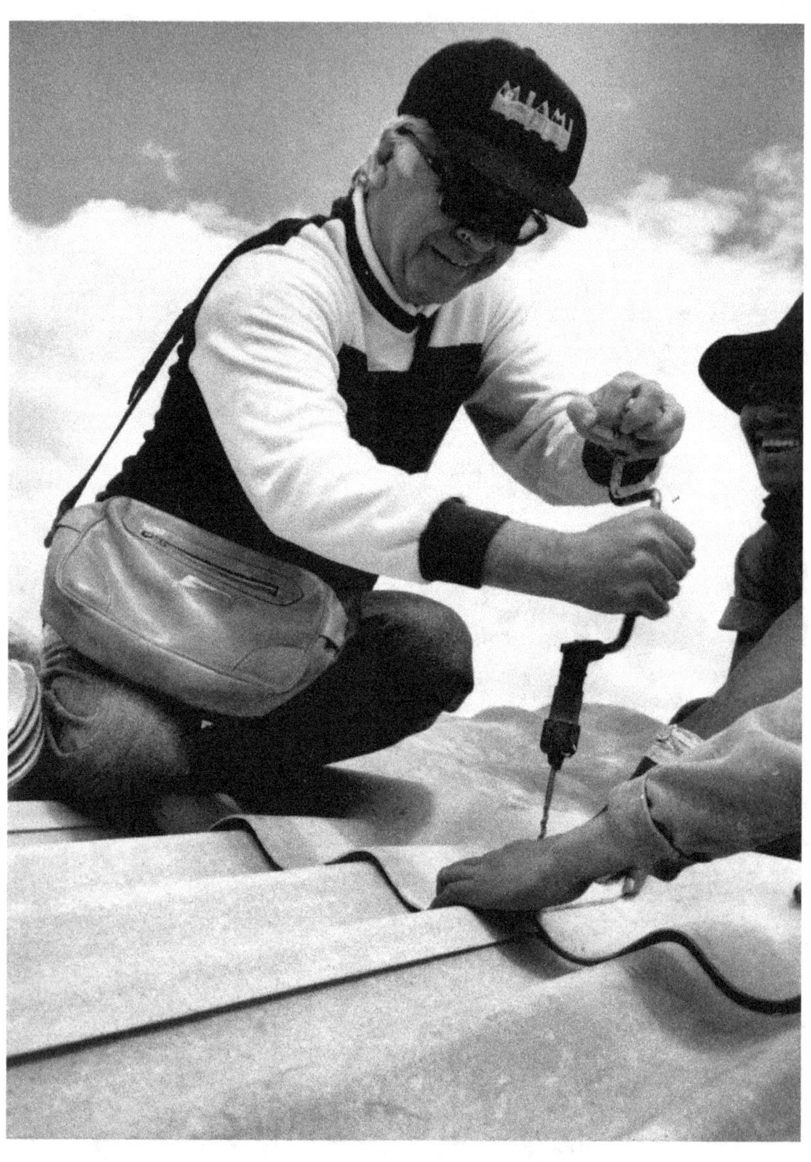

Habitat para la humanidad es una iniciativa para construir hogares decentes y asequibles para los desfavorecidos

EPÍLOGO

Padre Roberto en su escritorio durante 2021

Si bien este libro describe los primeros diez años que pasé en Bolivia, en realidad pasé la mayor parte de las siguientes cinco décadas allí al servicio de mi pueblo adoptivo. No puedo describir todo lo que sucedió durante los últimos años, pero compartiré algunos puntos destacados. Aunque Bolivia se convirtió en mi verdadero hogar, hubo visitas ocasionales a los Estados Unidos. Durante estas visitas, tuve el privilegio de realizar muchas ceremonias de bodas y bautizos para familiares y amigos, además pude mantenerme conectado con todos asistiendo a reuniones familiares y brindando consuelo durante sus momentos de dolor.

Además de los viajes periódicos a los EE. UU., mis viajes también me llevaron a otros países, incluidos Francia, Italia, Suecia, Chile, Brasil, Argentina y casi todos los demás países de América del Sur.

Regresar a Bolivia después de estar lejos siempre fue algo que anhelaba. Después de un descanso de tres años en los Estados Unidos a principios de la década de 1970, regresé a Oruro, Bolivia, donde pasé muchos años más felices. Aparte de un período de seis meses en el que me pidieron que cubriera un puesto vacante en la ciudad de La Paz, trabajé en Oruro hasta 1985. La Paz es un lugar especial porque es una ciudad bulliciosa ubicada a doce mil pies sobre el nivel del mar. Estaba feliz de volver a Oruro después de esa asignación temporal.

Después de servir en Oruro, me asignaron a Cochabamba, una ciudad en el centro de Bolivia que se encuentra a ocho mil cuatrocientos pies sobre el nivel del mar. Pasé varios años allí como párroco, trabajando junto con otros cuatro sacerdotes para establecer una nueva parroquia.

En ese momento, dos tercios de los niños que vivían en Cochabamba estaban desnutridos. Debido a que la desnutrición daña tanto a los niños en lo que respecta al crecimiento y desarrollo saludables, quería encontrar una forma de combatir el hambre. Fue entonces cuando surgió la idea de establecer un comedor social. Sentí que un comedor de beneficencia bien administrado podría proporcionar a los niños locales al menos una comida nutritiva por día. Empecé a buscar formas de apoyar el programa y me alegró obtener el respaldo financiero de la parroquia de mi ciudad natal, Holy Cross, en Lewiston, Maine. Cada año, el Domingo de Ramos, la parroquia de la Santa Cruz realizaba una colecta especial. Esas generosas donaciones nos ayudaron a comprar alimentos durante todo el año. Tuvimos la suerte de tener una cocinera voluntaria en el comedor de beneficencia, y las monjas locales siempre estaban disponibles para servir la comida a los niños. Me enorgullece decir que este importante servicio todavía se brinda hoy.

En 1998, mientras estaba en Cochabamba, recibí una solicitud de la Administración General en Roma para viajar a Suecia para servir a los refugiados latinoamericanos allí. Pasé dos años en una parroquia en Taby, justo al norte de Estocolmo. Mi misión era brindar servicios pastorales a la comunidad latinoamericana allí, y también trabajar con estudiantes universitarios.

Aunque estaba trabajando casi exclusivamente con refugiados de habla hispana, estaba decidido a aprender el idioma para mostrar mi respeto a los suecos y animé a otros a hacer lo mismo.

Cuando regresé a Bolivia en el año 2000, supe que se necesitaba un sacerdote en el pueblo de Santa Cruz, que es una ciudad ubicada en las tierras bajas tropicales. Es la segunda ciudad más grande del país, ubicada cerca del famoso Amazonas, donde el clima puede llegar a ser bastante caluroso. Pasé diez años allí en la parroquia local, y me fui en diciembre de 2014. A la edad de 82 años, era hora de comenzar a reducir mis deberes. Regresé a mi amada Cochabamba donde disfruté de visitas frecuentes con los niños en nuestros dos comedores populares. El programa de nutrición había crecido hasta el punto de atender a más de cien niños y adultos jóvenes por día. Este logro duradero me proporciona una gran satisfacción. Lo veo como uno de mis logros más gratificantes.

Otro logro que me enorgullece especialmente es el trabajo que desempeñé a lo largo de los años desarrollando vocaciones entre los nativos. Esta iniciativa involucró el acercamiento a hombres jóvenes en edad de escuela secundaria y universidad que se interesaron en asistir al seminario. Los fines de semana llevábamos a cabo retiros en el centro parroquial donde teníamos tiempo para explicar en detalle las diversas misiones y éxitos de la orden de los Oblatos.

Durante la primavera de 2022, en reconocimiento a años de notable servicio, recibí una carta de recomendación de alto nivel del Superior General en Roma.

Me quedé semiretirado y viviendo feliz en Cochabamba hasta el 2021. Tuve la suerte de tener mi propia habitación en la Casa Provincial, que está ubicada en un área a poca distancia de la mayoría de los servicios. Uno de mis placeres diarios era la visita de una hermosa pastora alemana llamada Tinga, quien disfrutaba haciéndome compañía mientras leía el periódico de la mañana. Tenía toda la intención de quedarme en Cochabamba hasta el final de mis días, pero las condiciones cambiaron y me obligaron a vivir mis últimos años en los Estados Unidos. Aunque extraño terriblemente a Bolivia, acepté mi destino divino con el conocimiento de que estoy bendecido y bien cuidado.

Finalmente, estoy encantada de poder compartir esta historia de vida con todos ustedes, y tengo fe en que ustedes también permanecerán inspirados para servir a los demás cuando surja la oportunidad o la necesidad.

Padre Roberto Lacasse, OMI

Expresiones de gratitud

DeBroucker, José. *Dom Helder Camara: La violencia de un pacificador.* Maryknoll, Nueva York: Orbis Books, 1970.

Colonnese, Luis. *Conciencia para la Liberación.* Washington, DC: División para América Latina Conferencia Católica de los Estados Unidos, 1971.

Freire, Paolo. *La pedagogía del oprimido.* Nueva York, Nueva York: The Continuum International Publishing Group, 1970.

INDICEP (Instituto de Investigaciones Culturales para la Educación Popular) Documentos: "Educación Popular para el Desarrollo", Tomo 6, 1971.

Tejedor, Pablo. "Mission Conference Avoid Real Issues", *National Catholic Reporter*, 1 de diciembre de 1972.

Documentos de la Conferencia de Medellín, Segundo Encuentro de Obispos Latinoamericanos. Medellín, Colombia, 1968.

Mensaje, Santiago, Chile. Número 207, marzo-abril de 1972.
Viglietti, Daniel. "Canción para mi América", 1965.

Agradecimiento y agradecimiento especial

No hubiera sido posible imprimir esta historia sin la ayuda de mi sobrina, Claire Murray. Realmente hicimos un buen equipo y estoy agradecido con ella.

Padre Roberto revisando un borrador del libro con su sobrina, Claire Murray durante el verano de 2022

www.ingramcontent.com/pod-product-compliance
Lightning Source LLC
LaVergne TN
LVHW012115170826
845678LV00014BA/2949

* 9 7 9 8 3 6 4 1 4 5 8 6 4 *